Reiten lernen, ganz entspannt

Sibylle Luise Binder

KOSMOS

Reiten lernen, ganz entspannt

Ein echter Aufstieg

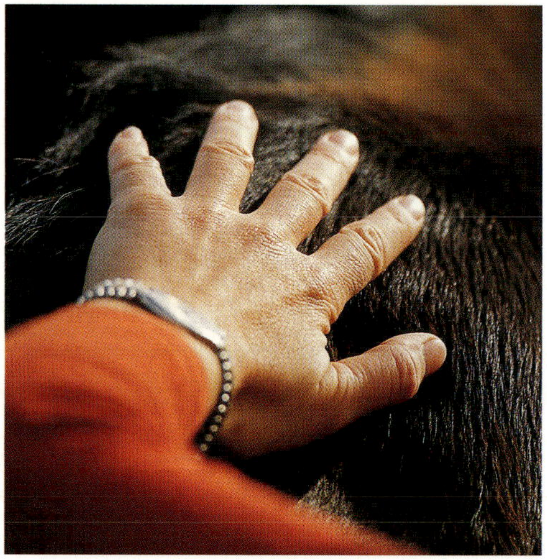

Ein echter Aufstieg

Zeit für eine Veränderung – Lernen Sie reiten!

Manchmal meine ich, zu träumen. Ein Traum von Wind im Haar, von einem geschmeidigen Körper, der sich kraftvoll unter mir entfaltet, von diesem ganz besonderen Duft, der mich einhüllt, von seidig warmem Fell unter meinen Fingern, vom Trommeln der Hufe. Jeder Schritt trägt mich weiter weg aus dem Alltag, weiter weg in eine Welt, in der Finanzamt, Abgabetermine und der längst fällige Anruf beim Zahnarzt nichts bedeuten. Manchmal fällt mir in solchen Momenten eine Gedichtzeile ein, die ich einmal irgendwo gelesen habe: „... das lachende Wissen, dass Gott uns liebt, solang' es auf Erden die Pferde gibt." Von allen Entscheidungen, die ich in meinem Leben getroffen habe, habe ich eine nie bereut: Die, mit dem Reiten anzufangen. Sicher, es war manchmal hart. Ich habe mir dabei den Wolf in Muskeln eingefangen, von denen ich bis dahin gar nicht wusste, dass ich sie habe; ich war mehr als einmal gefrustet, weil das, was bei anderen, besseren Reitern so einfach aussieht,

bei mir einfach nicht gelingen wollte. Ich habe ein kleines Vermögen in diverse Reitställe getragen, ich habe sämtliche Vorurteile von Nichtreitern – angefangen davon, dass Reiten doch gar kein Sport sei, weil sich dabei nur das Pferd bewege, bis dahin, dass Reiter grundsätzlich elitäre Pinkel sind, die sich auf Kosten armer Pferde „erhöhen" – um die Ohren bekommen.

Dennoch: Ich bin Reiter. Überzeugt und gerne. Was mir die Pferde geben ... ja, es hat etwas mit dem „lachenden Wissen" zu tun, mit dem Gefühl, etwas ganz Besonderes erleben zu dürfen. Es hat etwas damit zu tun, dass Pferde die Welt anders sehen und damit auch meinen Blick darauf verändern. Um es auf den Punkt zu bringen: Reiten hat mir eine neue Sicht auf viele Dinge gegeben. Vom Sattel aus sieht manches, was dem „Fußgänger" sehr wichtig erscheint, klein aus. Dafür gewinnt anderes Gewicht. Und damit haben Sie auch schon meine Warnung: Wenn Sie sich wirklich auf Pferde einlassen wollen – und Sie sind hier, weil Sie das wollen, nicht? – dann machen Sie sich darauf gefasst, dass Sie sich verändern.

Sie sind noch ein wenig skeptisch? Sie schleichen zwar schon um Reitställe herum, aber Sie wissen noch nicht so ganz, ob das Reiten was für Sie ist? Sie meinen, Sie könnten vielleicht schon zu alt sein?

Was das angeht, kann ich Sie beruhigen. Mit dem Reiten kann man in jedem Alter anfangen. Glauben Sie niemandem, der Ihnen erzählt, dass man schon in den Windeln aufs Pferd muss, um ein einigermaßen tauglicher Reiter zu werden. Gerold Dautzenberg, 18facher Europameister im Westernreiten, war 54 Jahre alt, als er das erste Mal aufs Pferd stieg. Joseph Neckermann machte es möglich, erst eines der größten Versandhäuser Europas aufzubauen und dann mit 62 Jahren Deutscher Meister in der Dressur zu werden.

Sie machen sich keine Sorgen um Ihr Alter, aber meinen, Sie könnten zu schwer oder zu leicht oder zu groß oder zu klein oder zu unbeweglich oder zu untrainiert sein? Keine Sorge: Auch diese Hindernisse können überwunden werden.

Sie fürchten, sich bei den ersten Stunden zu blamieren oder gar zu stürzen? Sie können es sich nicht leisten, nachher mit gebrochenen Knochen im Krankenhaus zu landen und Reiten ist doch so gefährlich? Dem kann ich nicht widersprechen. Die Statistik würde mich Lügen strafen. Aber was nicht in der Statistik steht: Die meisten Reitunfälle betreffen erfahrene Reiter. Anfänger kommen nicht in Situationen, in denen es gefährlich wird. Und wenn sie einmal aus dem Sattel rutschen, dann kugeln sie meist komfortabel in den weichen Boden der Reithalle. Mehr als der junge Reiterstolz wird dabei nur in den allerseltensten Fällen beschädigt. Also: Trauen Sie sich. Gönnen Sie sich den Aufstieg – werden Sie Reiter.

Trockenübungen

Reiten lernt man nur durch Reiten. Das sagt jeder Reitlehrer – und dabei hat er grundsätzlich Recht. Nicht Recht hat er aber, wenn er Bücher als unterstützende Lehrmittel ablehnt. Natürlich kann man Reiten nicht aus dem Buch lernen. Der Weg von der Theorie zur Praxis ist beim Reiten oft sehr weit. Woran das liegt? Für mich war das Hauptproblem immer die Tatsache, dass ich Theorie mit dem Kopf aufnehme – und geritten wird eben mit anderen Körperteilen.

Dennoch ist eine Reitlehre nicht für die Kehrseite. Reiten lernt man nämlich leichter, wenn man nicht nur weiß, was man tut, sondern auch, warum man es tut. Und wenn einem dann noch verraten wird, wo es hinführen soll, dann ist das sicher hilfreich. Hilfreich sein – das will dieses Buch. Es möchte Ihnen den Spaß am Reiten vermitteln. Es soll Ihnen helfen, zu verstehen und zu koordinieren. Und es soll Ihnen helfen, Entscheidungen zu treffen. Die Checklisten, Tipp-Kästen und Schritt-für-Schritt-Fotos helfen Ihnen dabei.

Eine Frage des Stils

Ja, ich weiß: Sie wollen so schnell wie möglich in den Sattel. Oder wenigstens in die Reithosen. Aber bevor wir miteinander einkaufen oder uns nach einem Stall für Sie umschauen, müssen wir noch etwas klären: Wie hätten Sie's denn gerne?

Möglichkeiten gibt es heute mehr denn je – angefangen vom „klassischen" Reiten über das Westernreiten, den spanischen Stil, das Gangpferdereiten bis hin zu verschiedenen Freizeitreitschulen. Und wenn es um Reitstile geht, dann reden wir über mehr als nur die pure Technik des Reitens. Mit Reitstilen ist meist auch eine Philosophie verbunden, die sich von der Art des Umgangs mit dem Pferd über den Kleidungsstil der Reiter bis hin in ihr Alltagsleben fernab vom Stall erstreckt. Allerdings: Die Adoption des Reitals Lebensstil ist nirgends zwingend vorgeschrieben. Und „gut" im Sinne von „pferdeverträglich und erlernbar" sind alle hier beschriebenen Stile. Die Frage ist nur, welcher für Sie und Ihre Ansprüche der richtige ist. Um ihr auf den Grund zu kommen, unterhalten wir uns jetzt über Stile, ja?

easy·steps Der Einstieg

Ziel

Entspannt und locker reiten lernen – das ist unser erstes Ziel. Doch bevor Sie in den Sattel steigen, gibt es einige Entscheidungen zu treffen. Und einiges zu tun. Packen wir's also an.

Einzelschritte

1 Tief durchatmen – und es dann aussprechen: „Ich werde Reiten lernen."
2 Information: Welcher Typ Reiter bin ich und welcher Stil passt zu mir?
3 Reitstall und Ausbilder suchen, Teminkalender abchecken
4 Zubehör einkaufen gehen

Basic English

„Englisch" oder „Klassisch" ist der bei uns immer noch am meisten verbreitete Stil – und das nicht nur, weil er sich innerhalb unseres Kulturkreises entwickelt hat. Seine Anfänge reichen zurück bis zur ersten Reitlehre, die überhaupt überliefert ist – die des griechischen Reiteroffiziers Xenophon. Abgesehen davon, dass man zu seiner Zeit noch keine Steigbügel kannte, stimmt er im Grundsätzlichen mit unseren modernen Reitlehren überein. Zweck und Ziel ist das Pferd in jeder Situation für den Reiter kontrollierbar zu machen. Dazu muss das Pferd lernen, sich unter dem Reiter auszubalancieren. Und der Reiter muss lernen, das Pferd mit kleinen, nicht störenden Hilfen im Gleichgewicht zu halten. Dabei hält er ständig Kontakt mit dem Pferd.

Aus diesen „Basics" hat sich im Lauf der Jahrhunderte das entwickelt, was man heute den „englischen Stil" nennt. Dabei trifft das Wort „englisch" nicht wirklich, denn neben den Engländern, die als Jagd- und Rennreiter einen wichtigen Einfluss hatten, ist der Stil mindestens ebenso sehr von den französischen Reitmeistern des Barocks, der italienischen Kavalleriereiterei und den

1

Englisch Reiten Pro und Contra

Pro

> Der vielseitigste Stil überhaupt. Englisch kann man jedes Pferd reiten – ob in der Dressur, über Hindernisse, im Gelände oder einfach als Freizeitreiter.
> Immer noch der meist verbreitete Stil in Europa. Daher ist es kein Problem, gute Englisch-Ausbilder zu finden.
> Englisch ist eine gute Basis für alle Spezialreitstile.

Contra

> Nicht ganz einfach zu lernen. Es braucht einige Reitstunden, bis man mit Englisch Reiten etwas anfangen (zum Beispiel ausreiten) kann.
> Die Hilfengebung beim Reiten fordert ständige Konzentration beim Reiter. Daher nicht der ideale Stil, wenn Sie nur entspannt spazieren reiten wollen.

Dienstvorschriften der preußischen Armeereiterei in der Wende des 19. und 20. Jahrhunderts geprägt.

Die barocken Franzosen stehen für die „Reitkunst". Sie entwickelten aus dem, was Reiter auf dem Schlachtfeld an Abwehr- und Angriffsmaßnahmen praktizierten die „hohe Schule" – Dressurreiterei in Vollendung. Der Haken daran war allerdings, dass einiges an der französischen Schulreiterei zur „l'art pour l'art" gedieh. Im Alltagseinsatz war es nur bedingt tauglich.

Dem steuerten die Kavalleriereiter entgegen – speziell die Italiener, die vor allem dem Springen und der Geländereiterei mit der Entwicklung des „leichten Sitz" (damit werden Sie noch zu tun bekommen – und Sie werden es mögen, das verspreche ich Ihnen) ein neues Gesicht gaben. Ohne sie wäre die heutige Sportreiterei nicht denkbar.

Weil Englisch immer noch der meist verbreitete Stil in Europa ist, weil er außerdem als Basis für alle anderen Stile gelten kann, wird hier übrigens meist von Englisch Reiterei die Rede sein. Aber ich werde versuchen, es Ihnen so leicht wie möglich zu machen.

1 Klassisch Englisch: Corinna und Gino zeigen hier den vielseitigsten und in Europa am weitesten verbreiteten Stil.
2 Leichter Sitz: Im Sprung oder auch im Gelände leicht über dem Sattel schwebend – das ist einzigartig bei der klassisch-englischen Reiterei.
3 Englisch im Gelände:Der Englischreiter hat sein Pferd immer im Griff und kommt damit überall durch.

Die Westernreiterei hat sich – wie schon der Name impliziert – im Westen entwickelt. Oder, um genau zu sein, im Westen der USA und in Zeiten, als es noch den „wilden Westen" gab. Dieser wurde bekanntlich erst von Spaniern und dann von anderen Europäern besiedelt und dementsprechend standen auch der spanische und der englische Reitstil Pate für die Westernreiterei. Der große Unterschied zwischen ihr und der

Westernreiten Pro und Contra

Pro

> Westernreiten ist „easy riding". Auf einem gut ausgebildeten Westernpferd können auch Anfänger sehr schnell gute Ergebnisse erzielen.
> Westernreiten ist entspannter als Englisch Reiten. Im Westernsattel sitzt man bequemer, der Reiter ist weniger angespannt.
> Westernausbilder und -pferde sind mittlerweile in unseren Breitengraden gut verfügbar.

Contra

> Westernreiten funktioniert nicht mit jedem Pferd. Wenn es nicht von sich aus ausbalanciert und kompakt ist, wird es sich auf Dauer nicht unter dem Westernsattel wohl fühlen.
> Im Westernsattel kann man kaum springen. Daher ist zum Beispiel die Teilnahme an Jagden für Westernreiter nicht möglich.
> Es ist für einen gelernten Englisch-Reiter leichter, sich auf Western umzustellen als für einen gelernten Western-Reiter, den klassischen Stil zu lernen.

englischen Reiterei ist aber: Western war von Anfang an „Gebrauchsreiterei". Die Cowboys, die zu Pferd die großen Rinderherden zu hüten hatten, machten sich keine Gedanken über Reitkunst und Ästhetik. Für sie ging es darum, ihre Arbeit so effizient wie möglich zu erledigen. Dementsprechend kam es für sie auch nicht infrage, als Reiter dauernd aktiv Kontakt zu ihrem Pferd zu halten.
Sie entwickelten stattdessen eine Methode, die mit kurzen Signalen arbeitet. Konkret: Das Pferd bekommt einmal gezeigt, was es zu tun hat, und tut das dann so lange, bis der Reiter mit einem anderen Signal die Aktion entweder beendet oder eine neue einleitet.
Auch dazu muss das Pferd gelernt haben, sich unter dem Reiter auszubalancieren. Es muss Souveränität entwickeln. Natürlich muss auch der Reiter gelernt haben, sich unmissverständlich auszudrücken. Und darin hat sich die Westernreiterei inzwischen über eine reine Gebrauchsreiterei hinausentwickelt. Westerndressur ist nicht weniger subtil und der Meisterschaft erforderlich wie die englische Dressur.

1 Go West: Westernreiten ist für viele die Erfüllung des Traums von Abenteuer und Freiheit.
2 Entspannung pur: Ein Ausritt im Westernsattel. Westernpferde werden zu Selbstständigkeit und Ruhe erzogen.
3 Action pur: Der Sliding-Stop, ein „Dressurmanöver" der Westernreiter.
4 Der Sport der Cowboys: Das Cutting, die Arbeit mit den Rindern, war früher Notwendigkeit. Heute ist sie der Sport der Westernreiter.

Stolz wie ein Spanier

Eigentlich könnte man den iberischen Reitstil inzwischen den „klassischen" nennen. Mit dem hat er nämlich nicht nur seine Ursprünge gemeinsam, sondern auch den größten Teil der Philosophie und der Ausführung. Wie bei den Englisch-Klassikern ist bei den Spaniern alles darauf gerichtet, das Pferd im Gleichgewicht vorwärts zu reiten und dabei immer im Griff zu haben. Der große Unterschied ist, dass die Spanier sich nicht von der Kavalleriereiterei der anderen Europäer beeinflussen ließen. Sie sind der „reinen Lehre", die von den großen Lehrmeistern des Barocks geprägt ist, treu geblieben.

Das macht diesen Stil unglaublich elegant und schön. Darin liegt aber auch seine Schwierigkeit. Im Barock nahm man sich für alles mehr Zeit und mehr vor. Darum begnügte sich Louis XIV. nicht mit einem bescheidenen Palais, sondern ließ Versailles erbauen. Das Lebensgefühl des französischen Sonnenkönigs und seiner Zeit scheint in der spanischen Reiterei immer noch zu pulsieren. Sie gönnt sich „Pomp and circumstances" und sie verlangt von ihren Alumni, dass sie sich viel Zeit nehmen.

Iberisch reiten Pro und Contra

Pro

- > Spanisch ist sehr elegant und kann auf fast jedem Pferd geritten werden. Allerdings sieht es am besten bei iberischen Pferden – also Andalusiern und Lusitanos – aus.
- > Iberisch ist „klassische" Reiterei – und kann damit Ausgangspunkt für fast alles andere sein.

Contra

- > Gute Iberisch-Ausbilder sind in Deutschland nicht überall verfügbar.
- > Iberisch ist vorwiegend Dressurreiterei. Man legt sich damit fest und hat wenig Alternativen.

Wotan hilf!

Eine „Sonderform" in Sachen Stil haben die Gangreiter entwickelt. Bei ihnen geht es vorwiegend um den „fünften Gang" des Pferdes, nämlich den Tölt, der vor allem auf größeren Strecken sehr bequem zu sitzen ist. Basis des Reitstils ist aber klassisch-englisch – und daher empfiehlt es sich für die Fans der Gangreiterei, erst einmal mit einer soliden, englisch-klassischen Ausbildung anzufangen. Alles andere kommt dann später.

Besser aus- als eingebildet – der richtige Reitlehrer

Für unsere Vorgänger in Sachen Reiterei gab es zum Thema Ausbilder keine Qual der Wahl. Sie marschierten einfach in den nächsten Reitstall, in dem sie dann meist auf einen ehemaligen Kavallerie-Feldwebel trafen, der ihnen in den meisten Fällen nicht nur das Reiten, sondern auch (Kasernenhof-) Flötentöne beibrachte. Angebrüllt werden gehörte dazu und für das Gefühl, sich mal wieder bis auf die Knochen blamiert zu haben, musste man nicht extra bezahlen.

1

Heute stellen wir andere Ansprüche an die Reitausbilder – und das ist auch gut so. Niemand muss sich mehr anbrüllen lassen, niemand muss sich mehr sagen lassen, dass er auf dem Pferd sitzt wie „Beethoven vor dem Klavier" (nur – so fügte dereinst der Ausbilder hinzu, der mich mit diesem Spruch beglückte – war Beethoven so taub, dass er sein Leben lang gemeint hat, er malt).

Aber wie kommt man denn nun zu einem guten Reitlehrer und einem guten Reitstall? Es ist gar nicht so einfach, denn schließlich kommt es nicht nur darauf an, dass der Reitlehrer selbst gut reiten kann. Er muss vor allem unterrichten und erklären können. Und außerdem: Der Lernerfolg beim Reiten ist nicht nur vom Zweibeiner abhängig, der Reitunterricht erteilt. Es braucht auch die Kooperation des Vierbeiners, auf dem der Schüler sitzt.

Wo also findet man einen guten zwei- und vierbeinigen Reitlehrer? Zuerst gilt wohl: Nehmen Sie sich Zeit für die Suche. Schauen Sie sich nicht nur in einem, sondern möglichst in mehreren Reitställen um. Erkundigen Sie sich vorher, wann der Reitunterricht ist und beobachten Sie, wie er abläuft. Vertrauen Sie dann auf Ihr Gefühl – sich wohl zu fühlen gehört nämlich beim Reitunterricht auch dazu.

1 Claudia und ihr Isländer Fáni: Auf den ersten Blick sieht Gangreiten nicht viel anders aus als klassisch. Doch achten Sie einmal auf Fánis Beine.

2 Fliegende Mähne: Der Name „Fáni" ist isländisch und steht für 'fliegende Mähne'. Passt, oder?

check it!

> Nimmt sich der Reitlehrer Zeit für Sie? Erwarten Sie nicht, dass er Ihnen vorab stundenlang sein pädagogisches Konzept erläutert. Dazu wird er zu viel zu tun haben. Aber ein paar Fragen sollte er Ihnen in aller Ruhe beantworten.

> Hat der Stall, in dem Sie reiten wollen, genügend Schulpferde? Wenn es nur zwei oder drei sind, aber dafür Mengen von Schülern, müssen Sie davon ausgehen, dass das Pferd, wenn Sie darauf kommen, schon müde und schlecht gelaunt ist. Auch Schulpferde brauchen Ruhepausen – also suchen Sie sich einen Stall, in dem es genug Lehrpferde gibt.

> Wie viele Reitschüler sind in einer Gruppe? Auch der beste Reitlehrer wird es kaum schaffen, mehr als sechs oder sieben Reiter auf einmal sinnvoll zu unterrichten. Bei Anfängern ist weniger immer mehr. Und wenn Sie es sich leisten können: Fragen Sie nach Einzelstunden.

> Was bietet der Stall den Reitschülern an? Gibt es nur die „normalen" Reitstunden oder auch Möglichkeiten zur Spring- und Geländeausbildung?

> Wird Ihnen die Möglichkeit geboten, außerhalb des Reitunterrichts mit dem Pferd umzugehen? In vielen Ställen ist es üblich, dass die Reitschüler das Pferd gesattelt in der Reithalle übernehmen. Darauf sollten Sie sich besser nicht einlassen. Putzen und Satteln – am Anfang natürlich unter fachkundiger Anleitung – gehören dazu und geben Ihnen Gelegenheit, sich mit dem großen, fremden Wesen Pferd anzufreunden.

Money makes the horse go round

Reiten gilt als teurer Sport – aber ganz so wild ist es nicht. Auch Normalverbraucher können sich Reitunterricht leisten.
Was Sie ungefähr investieren müssen – hier in der Tabelle steht es.

„Just for fun" – einmal in der Woche auf Schulpferden

Ein bisschen mehr – eine Reitstunde pro Woche plus Ausritt

Der Traum: Ein eigenes Pferd – bei Haltung in einem Vereins- oder Pensionsstall

Bei den Pensionspreisen gibt es ein großes Gefälle zwischen Stadt und Land. Als Faustregel gilt: Je näher an der Stadt und je besser ausgestattet, desto teurer ist der Stall. Es lohnt sich, außerhalb zu schauen – allerdings sollte man dann Fahrtkosten in die Kalkulation aufnehmen.

	Kosten pro Monat	Kosten pro Jahr
Grundausstattung für den Reiter (Kappe, Chaps, Reithose) einmalig		€ 200,–
Reitstunden (4 pro Monat)	€ 50,– bis € 60,–	€ 600,– bis € 720,–
Mitgliedsbeitrag für den Reitverein (nicht überall üblich)		€ 50,– bis € 250,–

	Kosten pro Monat	Kosten pro Jahr
Grundausstattung für den Reiter (Kappe, Stiefel, Reithose)		€ 400,–
Reitstunden (4 pro Monat)	€ 50,– bis € 60,–	€ 600,– bis € 720,–
4 zweistündige Ausritte pro Monat	€ 100,– bis € 150,–	€ 1200,– bis € 1800,–
Mitgliedsbeitrag für den Reitverein		€ 50,– bis € 250,–

		Einmalige Kosten
Das eigene Pferd		Ungefähr ab € 5000,– Nach oben gibt es keine Grenze
Grundausstattung fürs Pferd (Sattel, Trense, Halfter, Stalldecke, Putzzeug)		ca. € 1500,–
Grundausstattung für den Reiter (Lederstiefel, zwei Reithosen, Reitkappe, Reitjacke)		ca. € 900,–
Laufende Kosten	**Kosten pro Monat**	**Kosten pro Jahr**
Pensionskosten Pferd	€ 250,– bis € 1000,–	€ 3000,– bis € 12.000,–
Hufschmied (7-12 x Jahr)	€ 50,– bis € 100,–	€ 600,– bis € 1200,–
Tierarztkosten (Impfungen, Wurmkur, Sonstiges)		€ 400,–
Tierhalterhaftpflichtversicherung		€ 150,– bis € 300,–
Eventuelle Zusatzkosten		
Krankenversicherung fürs Pferd		€ 100,– aufwärts
Mitgliedsbeitrag für den Reitverein		€ 50,– bis € 250,–

Des Reiters neue Kleider

Gehen Sie gerne shoppen? Oder gehören Sie eher zu den Leuten, die Einkäufe so schnell wie möglich erledigen wollen? Sind Sie Schnäppchenjäger oder eher an solider Dauerausrüstung für eine lange Zeit interessiert? Wollen Sie gleich richtig groß einsteigen oder am Anfang erstmal nur das Allernötigste anschaffen?
Welchem Typ auch immer Sie angehören: Ihnen kann hier geholfen werden. Und wir machen es Ihnen sogar einfach: Sie bekommen zu allererst eine Checkliste speziell für Ihren Typ. Darin steht, was Sie sich anschaffen sollten und wo Sie es am besten finden. Die Details zur Ausstattung gibt es dann im weiteren Text. Bis dahin wünsche ich viel Spaß beim virtuellen Einkauf!

Ihr Typ	Nur das Nötigste	Schnäppchenjäger	Solider Einkäufer	Funshopper
Was Sie brauchen	Reitkappe, Hose mit weichen Nähten, knöchelhohe Stiefel mit flachem Absatz	Reitkappe, einfache Reithose, Gummistiefel oder Chaps und knöchelhohe Stiefel mit flachem Absatz	Reitkappe, Reithose mit Voll-Lederbesatz, Lederreitstiefel, Reitanorak	Reitkappe, Reitweste, Reithose mit normalem Besatz, Lederreitstiefel
Was der Spaß ungefähr kostet	€ 30,– für die Reitkappe, den Rest haben Sie vermutlich zuhause	Reitkappe € 30,– Reithose € 45,– Gummistiefel € 40,– Chaps € 35,–	Reitkappe € 30,– Reithose € 100,– Lederstiefel € 300,– Anorak € 150,–	Reitkappe € 30,– Reithose € 75,– Reitweste € 50,– Lederstiefel € 300,–
Ihre Einkaufsquelle	Fachgeschäft, Versandhandel	Versandhandel, Ebay.de	Fachgeschäft, Versandhandel	Fachgeschäft

Deckel drauf

Nein, ich werde nicht behaupten, dass Reithelme bequem sind. Und ich werde auch nicht versuchen, Ihnen zu erzählen, dass die Dinger schick aussehen und Sie sich bestimmt darunter wohl fühlen werden. Ehrlich gesagt: Im Sommer schwitzt man darunter, im Winter friert man. Und was das Aussehen angeht, so kann man sich meist nur mit dem Satz trösten „Einen wahrhaft schönen Menschen entstellt nichts".

Dass ich Ihnen – soweit gediehen – dennoch rate, noch vor allem anderen Zubehör einen Reithelm anzuschaffen und den dann auch ab der ersten Reitstunde konsequent zu tragen, hat zwei Gründe. Der erste liegt auf der Hand: Ihr Kopf ist ein edles Teil und wert, dass Sie ihn behüten. Es ist zwar sehr unwahrscheinlich, dass Sie auf den Kopf fallen – aber Vorsicht ist besser als Nachsicht. Der zweite Grund für den Reithelm ist nicht so offensichtlich, verdient aber mindestens genauso viel Berücksichtigung: In Deutschland bestehen die Versicherungen darauf, dass man beim Reiten Helm trägt. Ohne unterwegs zu sein, gilt als „fahrlässig" und wirkt sich dementsprechend auf den Versicherungsschutz aus. Darum ist der Helm in ordentlich geführten Ställen Pflicht.
Und bevor Sie sich irgendeinen Deckel überstülpen lassen, der schon ein paar Jahre auf der Reithallenbande vor sich hin gestaubt hat – kaufen Sie sich lieber gleich einen eigenen. Er kostet kein Vermögen und Sie haben die Chance, einen einigermaßen passenden, bequemen und sicheren Reithelm zu bekommen.

check it
Helmkauf

> Der Helm muss eine Dreipunktbefestigung haben – d.h. einen Riemen, der ihn am Hinterkopf und unter dem Kinn sichert.
> Ein guter Reithelm trägt ein Prüfzeichen.
> Eine samtbezogene Reitkappe ist klassisch, aber: Ein Reithelm ist besser belüftet, leichter und bequemer. Außerdem darf er, so er schwarz ist, auch beim Turnier getragen werden. Er ist also eine Anschaffung fürs Leben.

Obenrum

Für den Anfang tut es obenrum ein bequemer Pullover. Allerdings sollte er nicht zu weit sein. Reitlehrer sehen nämlich gerne mehr als aufgeplusterte Kleidung – und das nicht nur, weil sie vielleicht an den primären Geschlechtsmerkmalen hübscher Schülerinnen interessiert sind, sondern vor allem, weil sie ja auch auf die Haltung der Schultern und den Rücken ihrer Zöglinge zu achten haben. Außerdem kann zu viel Geflatter – speziell, wenn es bis zum Rücken des Pferdes reicht – Ihren Vierbeiner ablenken.
Wenn Sie richtig investieren wollen, steht Ihnen im Reitsport-Fachgeschäft eine breite Auswahl an Kleidung zur Verfügung. Das beginnt mit Reitwesten – hinten meist etwas länger als vorne – daher ideal zum Rückenwärmen.
Ein Reitjackett brauchen Sie nur, wenn Sie irgendwann Turnier reiten wollen. Da empfiehlt sich dann für den Anfang ein schwarzes oder dunkelblaues. Und das muss natürlich gut sitzen – was meint: Eng genug, eventuellen Turnierrichtern die Chance zu geben, Ihren Rücken zu sehen. Aber weit genug, dass Sie sich noch bequem darin bewegen können. Dazu gehört dann übrigens noch eine weiße oder hellblaue Bluse.

Halten Sie sich warm

Ein Reitanorak kann von Anfang an nützlich sein – wenn Sie das Geld dafür ausgeben wollen. Wichtig dabei ist, dass er entweder hinten oder an den Seiten Schlitze hat, die freie Bewegung ermöglichen. Austesten können Sie das übrigens, indem Sie ihn schließen und sich dann rittlings auf einen Stuhl setzen. Dabei sollte Ihnen ein guter Anorak weder unter die Schenkel noch unter die Kehrseite geraten.
Ob Handschuhe ja oder nein – das scheint unter Reitern fast eine Glaubensfrage zu sein. Manche steigen nie ohne aufs Pferd, andere sagen, dass es ihnen damit an Gefühl fehle. Meine Empfehlung: Kaufen Sie sich für den Anfang ein paar preiswerte Leder- oder Baumwollhandschuhe. Sie werden nämlich am Beginn Ihrer Reitkarriere ab und zu zum Festhalten in die Sattelkammer greifen – und dabei kann man sich ohne Handschuhe die Knöchel aufschürfen.

1

easy·tipp Natur- oder Kunstfaser?

> Reitanoraks, Reitmäntel und Reitwesten gibt es in allen nur denkbaren Farben, Stoffen und Varianten. Sie können Baumwolle haben, Wachs mit Flanellfutter oder auch moderne High-Tech-Stoffe.
> Was mich angeht, so war das Hauptkriterium immer: Ist das Teil waschbar? Pferde pflegen ihre Zuneigung auch dadurch auszudrücken, dass sie ihren Reiter schmusenderweise besabbern. Ein Anorak, der dann sofort nach der Reinigung schreit, wäre mir zu aufwändig. Ich stopfe ihn lieber in die Maschine. Und was nun die Wachsjacken angeht, die sehr in Mode sind – danke schön, aber ich verzichte darauf. Egal, wie die Dinger geschnitten sind: Sie sind schwer, man kommt darin ins Schwitzen und sie benötigen einige Pflege, wenn sie nicht nach kurzer Zeit übel aussehen sollen. Ich bevorzuge High-Tech-Materialien, da sie leichter, luftiger und besser zu pflegen sind.

Bein(k)leid

Der Unterschied zwischen einer Reit- und einer normalen Hose ist schnell erklärt: Eine normale Hose hat Nähte an der Innenseite – genau da, wo Ihre Schenkel Kontakt mit dem Sattel haben. Sind diese Nähte auch noch so dick und hart wie zum Beispiel bei Jeans, geben Sie Ihnen die einzigartige Chance, am „Morgen danach" breitbeinig wie weiland John Wayne ins Büro zu marschieren. Sie werden nämlich einen sehr schmerzhaften Wolf haben.

Reithosen haben keine Nähte an den Innenseiten. Dafür haben sie an den Stellen, die besonders beansprucht werden – wie zum Beispiel der Innenseite der Knie – einen Besatz, der den Stoff schont. Und wenn die Hose gar mit Leder (oder einem ähnlichen Material) besetzt ist, dann gibt das auch noch zusätzlich Halt im Sattel.

Leder oder nicht Leder?

Preiswerte Reithosen haben meist nur am Knie Lederbesatz. Angenehmer – aber leider auch teurer – ist aber Voll-Lederbesatz. Er reicht dann von der Kehrseite über die Oberschenkel nach unten. Er schont die Hose nicht nur, sondern gibt Halt im Sattel. Das Angenehmste sind Lederhosen. Meist werden sie aus Hirschleder hergestellt – und darin besteht auch schon ihr größter Nachteil: Sie sind sehr, sehr teuer. Allerdings sind sie ihren Preis dennoch wert, denn eine Hirschlederne ist eine Anschaffung fürs Leben. Bei normalem Reitgebrauch wird man es kaum schaffen, sie in 30 oder 40 Reiterjahren aufzutragen. Ihr Nachteil allerdings ist, dass sie sehr viel Pflege brauchen und nicht einfach in die Waschmaschine gestopft werden können. In Deutschland wird meist in kniehohen Stiefeln geritten. Dementsprechend sind die meisten angebotenen Hosen so genannte „Stiefelhosen". Wenn man keine Stiefel tragen will, sind sie oft nicht ganz optimal, weil sie sich von unten hochschieben. Dann empfiehlt sich als Alternative die aus England stammende Jodphurhose. Sie reicht bis zum Knöchel und ist oft mit einem Steg gearbeitet, so dass sie sich nicht nach oben arbeiten kann. Zu Jodphurhosen gehören dann knöchelhohe Stiefel. Die Kombination hat meist den Vorteil, bequemer und preiswerter in der Anschaffung zu sein.

2

3

1 Kerstin im großen „Kampfanzug": Helm, Reitjacke, Handschuhe, Reithose, Stiefel. So kann's nach draußen gehen.

2 Alex' Übergangskluft: Im Herbst und Frühling reitet Alex in Weste, Hose mit Kniebesatz und Stiefeln.

3 Die gute, alte Hirschlederne: Sie ist nicht unbedingt die eleganteste aller Reithosen, aber superbequem und ein Leben lang haltbar.

Reithosen lieber noch einmal probieren!

Reithosen müssen wirklich genau passen – und das gilt in beide Richtungen. Zu eng ist unangenehm. Mit eingezogenem Bauch und hautenger Hose sieht man erstens aus wie die Wurst in der Pelle und zweitens wird es beim Reiten unangenehm. Zu weit ist aber auch nicht das Gelbe vom Ei. Dann kann es nämlich sein, dass die Hose genau da, wo man es nicht mag – am Hintern oder innen an den Schenkeln – Falten schlägt.

Zeigt her eure Füße ...

Reiter's Fußbekleidung muss vor allem Sicherheitskriterien erfüllen. Das heißt: Eine glatte Sohle, die nicht im Bügel hängen bleiben kann. Ein kleiner Absatz sorgt dafür, dass Sie nicht zu weit in den Bügel rutschen. Und schließlich sollte an der Oberseite des Schuhs nichts auftragen, damit sich nichts verhakeln kann. Damit sind die Hauptanforderungen erfüllt. Alles andere ist eine Geschmacks- und Geldfrage.

Früher empfahl man – um des lieben Geldes willen – Anfängern Gummistiefel. Das diesbezügliche Angebot ist breit und kann so ziemlich jeden Wunsch befriedigen. Je nachdem, wie viel Sie investieren, gibt es Gummistiefel mit Lederfutter, mit Belüftung, Einstiegshilfe und allem, was das Herz begehrt. Dass Gummistiefel nie so bequem sein werden wie Lederstiefel, ist klar – sie passen sich dem Fuß nicht an.

Lederstiefel tun das. Dafür kosten sie nicht zu knapp. Und Billigangebote sind nicht das Heil. Meist wird da nämlich am Leder gespart – und billiges Leder wird auch bei guter Pflege schnell brüchig. Gute Lederstiefel erkennen Sie daran, dass das Leder elastisch ist, dass keine Brüche entstehen, wenn Sie es biegen, und dass die Sohle nicht geklebt, sondern genäht ist.

Bei der Passform sollten Sie bedenken: Lederstiefel setzen sich im Lauf der Zeit. Das heißt, dass sie am Anfang ein wenig zu hoch sein und in den Kniekehlen stehen dürfen. Abhilfe dagegen verschafft eine Einlage mit Keil. Nach einiger Zeit werden Sie die Einlage nicht mehr brauchen – der Stiefel hat sich gesetzt.

Eine Anschaffung fürs Leben

Gute Lederstiefel sind eine Anschaffung fürs Reiterleben. Damit sie es aushalten, sollte man ihnen von Anfang an zwei Dinge gönnen: Stiefelspanner und Stiefelfett. Die Stiefelspanner – übrigens haben sich die guten, alten Holzspanner bewährt – stecken immer dann in den Stiefeln, wenn man sie nicht trägt. Und dass die Stiefel dann an einem trockenen Platz und nicht neben der Heizung stehen, muss wohl nicht extra erwähnt werden. Und das Lederfett – nun, dass man bei Reitstiefeln keine schwarze Schuhwichse verwendet, dürfte klar sein. Schließlich möchte man weder Pferd noch

easy·tipp Vollbesatz-Hosen waschen?

> Nicht alles, was nach Leder aussieht, ist auch Leder. Darum empfiehlt es sich, vor dem Waschen einen Blick aufs Etikett zu werfen. Steht dort „Velourmaterial“, „Alcantara“ oder Ähnliches, sind Sie auf der sicheren Seite.
>
> Ist es aber tatsächlich Leder, brauchen Sie nicht mehr als ein spezielles Lederwaschmittel aus dem Fachhandel. Bei 40° C waschen, nicht mit zu viel Wumm schleudern, halb feucht aufhängen, in Form ziehen – und dann während des Trockenvorgangs immer wieder einmal daran ziehen, so dass das Leder in Form bleibt. Mehr ist normalerweise gar nicht erforderlich.
>
> Sollte es trotzdem einmal hart werden, hilft Nivea-Creme. Drehen Sie die Hose auf links und walken Sie eine dünne Schicht Creme ins harte Leder. Danach fühlt es sich wieder an wie neu.

Sattel mit schwarzer Schmiere beschmutzen. Ergo kommt Lederfett zum Einsatz – in jedem Reitsportgeschäft zu bekommen. Eine Alternative zu kniehohen Stiefeln sind Jodphurstiefel. Sie reichen nur bis zum Knöchel und sind in verschiedenen Formen – als Schnür-, Zug- oder Schlupfstiefel – erhältlich. Vor allem im Sommer sind sie bequemer als Lederstiefel. Der Nachteil ist, dass Sie zu Jodphurstiefeln Jodphurhosen mit einem Besatz an den Unterschenkeln tragen sollten. Sonst brauchen Sie nämlich ständig neue Reithosen – es sei denn, Sie schaffen sich Chapsletten an. Sie kommen ursprünglich aus dem Westernbereich, sind aber inzwischen auch bei den Klassikern üblich. Ihr Vorteil ist, dass sie sehr bequem sind. Einfach vor dem Reiten um die Waden legen, mit Klettverschluss schließen, nach dem Reiten einfach wieder ausziehen. Das Ganze geht schnell und ist preiswert zu haben. Und die knöchelhohen Stiefel dazu gibt es entweder preiswert im Fachhandel oder im Sportgeschäft. Jeder Baseballstiefel mit einer glatten Sohle und einer nicht zu hochstehenden Schnürung tut es.

1 Gummistiefel:
Die preiswerteste, aber nicht unbedingt komfortabelste Art, Stiefel zu tragen.

2 Chapsletten, die erste:
Mit einer Schnalle und Klettverschluss superbequem, aber mit eingeschränkter Lebensdauer.

3 Chapsletten für die Ewigkeit:
In diesem Modell könnten vermutlich noch Ihre Enkel reiten.

1

2

3

easy·tipp Stiefelkauf

> Es klingt banal, aber man sollte daran denken: Zehenspitzen frieren im Winter schnell – und Sie wollen doch auch im Winter reiten. Darum sollten Sie Ihre Reitstiefel nicht zu eng kaufen. Ein Paar dickere Wollsocken sollten schon hineinpassen. Am besten, man probiert es gleich beim Kauf aus.

Ich gestehe, eitel zu sein. Darum habe ich immer hohe, enge Reitstiefel getragen. Sie hatten den Nachteil, sowohl beim An- wie auch beim Ausziehen eine wahre Pest zu sein. Ich brauchte immer einen Stiefelknecht und einmal habe ich mir beim Stiefelausziehen den Wadenmuskel gezerrt. Kurz darauf landeten die Stiefel beim Schuster. Der schnitt sie neben der hinteren Naht auf und nähte einen Reißverschluss hinein. Der Reißverschluss kostet kein Vermögen und kann in jeden Stiefel genäht werden – und ich finde, er ist eine lohnende Anschaffung.

Nahkampfausrüstung

Gerade als Anfänger hat man es mit Pferden nicht immer leicht. Sie merken es nämlich, dass da ein Greenhorn im Sattel sitzt – und clever, wie Schulpferde sind, versuchen sie dann manchmal, sich vor ernsthafter Arbeit zu drücken. Spätestens dann braucht der Reitschüler eine Gerte.
Darum dürfen Sie beim ersten Einkaufsbummel auch gleich eine solche erstehen. Dabei werden Sie allerdings erst einmal vor einer reichen Auswahl stehen. Es gibt nämlich Gerten in allen nur denkbaren Varianten – angefangen von der kurzen mit einer Klatsche daran, die aussieht, als ob man sie auch zum Fliegenfangen einsetzen könnte bis zur langen Gerte mit Silberknauf. Die lange Gerte kommt bei den Dressurreitern zum Einsatz. Für den Anfänger wäre sie schwierig zu handeln – ebenso übrigens wie die kurze mit der Klatsche dran.

Das ist nämlich eine so genannte „Springgerte". Was Sie brauchen, ist eine mittlere Gerte. Sie sollte elastisch, aber nicht zu weich sein. Außerdem sollte sie einen Fangriemen haben, mit dem Sie das gute Stück ans Handgelenk binden können.
Viel mehr ist für den Anfang nicht erforderlich.
Die Sporen – ja, die muss man sich verdienen. Sie dürfen beim ersten Einkauf schon einmal einen Blick darauf werfen, aber bitte: Nicht gleich zuschlagen. Wer als Anfänger mit Sporen ankommt, wird nur ein müdes Lächeln ernten. Sporen kommen nämlich erst dann zum Einsatz, wenn man gelernt hat, das Bein ruhig zu halten. Und das ist gar nicht so einfach. Ihr Reitlehrer wird Ihnen sagen, wenn es so weit ist – und er wird Ihnen dann auch verraten, welche Art Sporen Sie kaufen sollen.

S-Klasse: Die Sonderausstattung

In den letzten Jahren hat sich auch in Sachen „Sicherheitsausrüstung" bei den Reitern eine Menge getan. Es wurden Sicherheitswesten entwickelt, die mit eingebauten Protektoren Schultern und Rücken schützen, und die zudem leicht zu tragen sind.

Wie wichtig eine solche Schutzweste ist, entscheiden Sie. Nach meiner Erfahrung ist ein Anfänger wenig sturzgefährdet, solange er in der Halle oder auf dem Reitplatz unterwegs ist. Aber wenn Sie sich mit Schutzweste sicherer fühlen, wird niemand etwas dagegen haben, wenn Sie eine tragen. Und im Gelände kann sie bestimmt nicht schaden.

Beim Kauf sollten Sie auf die Passform achten und darauf, dass Sie sich in der Weste wirklich wohl fühlen. Sie darf nirgends drükken oder belasten. Nur dann wird sie auch getragen.

1 Richtungsweiser und Tempomacher: Eine Dressurgerte kann viele Funktionen erfüllen.

2 Von oben nach unten: Der Westernsporn – er sieht martialischer aus als er wirkt. Der Rädchensporn der Dressurreiter. Der stumpfe Sporn der Klassiker.

3 Safety first: Mit Schutzweste zur deutschen Vielseitigkeitsmeisterschaft – Dr. Matthias Baumann.

Reiten lernen - Ich will's wirklich

Check it and get it!

- ✓ Ja, ich will's wirklich – ich fange mit dem Reiten an!
- ✓ Ich bin informiert – ich weiß, was ich will und kann mich jetzt auf die Suche nach „meinem“ Stall machen.
- ✓ Ich weiß, was es mich kosten wird und habe meinen Etat entsprechend eingerichtet.
- ✓ Ich habe mir verschiedene Reitställe und Reitlehrer angeguckt.
- ✓ Jetzt kann ich mir meinen Stall aussuchen.
- ✓ Ich habe mich über die Ausrüstung informiert, die ich brauche.
- ✓ Jetzt kann ich einkaufen gehen.

In den Anfängen

Satteln > 44

Auftrensen > 48

Bitte näher treten

1

Ja, ich weiß: Sie brennen danach, endlich aufs Pferd zu kommen. Aber um aufs Pferd zu kommen, müssen Sie erst einmal an das liebe Tier herankommen – und dabei einen möglichst guten Eindruck machen. Das klappt am besten, wenn Sie es mit einer Begrüßung auf „pferdisch" versuchen. Dazu gehört erst einmal, dass Sie die Stimme etwas tiefer legen – Pferde hören sehr gut und bei ihnen ist es wie bei Kindern und Katzen: Je tiefer und ruhiger eine Stimme, desto angenehmer klingt sie im Ohr und desto mehr Sympathie gewinnt sie. Was Sie sagen, ist ziemlich egal. Sie können „Hallo, Süßer" flöten oder „Grüß dich, du Zausel" – obwohl manche Reiter(innen) das Gegenteil behaupten, gibt es keine Hinweise darauf, dass Pferde „jedes Wort" verstehen. Meinen Pferden jedenfalls war es immer egal, was ich ihnen erzählt habe, solange mein Ton nur freundlich war.

Außer der Stimme dürfen Sie natürlich auch die Hände einsetzen. Hufschütteln wäre zwar einmal etwas Neues, aber vermutlich nicht das, was ein Pferd beim ersten Rendezvous erwartet. Aber zwei aufgedrehte, offene Handinnenflächen zum daran Schnubbern werden immer wieder gern genommen. Pferde sind nämlich Nasentiere – sie kommunizieren untereinander über Düfte und sie legen auch Wert darauf, ihren jeweiligen Menschen riechen zu können.

Ist Ihnen bei der Vorstellung, dem Pferd die Hände hinzuhalten, ein wenig unbehaglich? Sie meinen, das liebe Tier könnte beißen? Dann verrate ich Ihnen gleich etwas, was ganz wichtig im Umgang mit den großen Tieren ist: Sie haben ein perfektes, eingebautes Vorwarnsystem. Es sitzt am Kopf und wird landläufig „Ohren" genannt. An

easy steps
Keine Angst vor großen Tieren

den Pferdeohren können Sie immer erkennen, was Ihr vierbeiniges Gegenüber im Sinn hat. Solange die Ohren aufrecht in Ihre Richtung gedreht sind, ist alles in Ordnung. Gefahr ist erst dann im Verzug, wenn das Pferd die Ohren flach an den Kopf anlegt. Das ist die Drohgeste, die grundsätzlich jedem aggressiven Akt vorausgeht. Aber ein solcher erfolgt bei Pferden sowieso nur, wenn sie sich in die Enge getrieben fühlen. Solange Sie freundlich mit einem Pferd umgehen, können Sie davon ausgehen, dass das Pferd auch nett zu Ihnen ist.

1 Die erste Annäherung: Alex und Henry kennen sich – dennoch schauen sie sich immer wieder gerne ausführlich an.
2 Bestechung erlaubt: Alex schmust nicht nur mit Henry, sondern überreicht ihm oft auch schon vor der Reitstunde ein Leckerli. Schließlich kann es nicht schaden, wenn er gut gelaunt ans Werk geht.

Ihnen ist angesichts eines Pferdes immer noch ein wenig unbehaglich? In Ihrem Magen grummelt es, weil Sie sich die lieben Tiere doch nicht so groß vorgestellt haben?

Ziel
Entspannt mit dem Pferd umzugehen, ohne den gesunden Respekt davor zu verlieren.

Einzelschritte
1 Stehen Sie zu Ihrem Unbehagen. Niemand erwartet von Ihnen Heldenmut – im Gegenteil. Respekt vor den großen Tieren gehört sich für einen Reiter.
2 Vertrauen Sie Ihrem Gefühl. Pferde kommunizieren nonverbal – und Sie ahnen gar nicht, wie gut Ihre Antennen sind, bis Sie sie einmal mit Pferden ausgetestet haben.
3 Informieren Sie sich. Das Verhalten von Pferden ist faszinierend – und es gibt sehr gute Bücher darüber.
4 Schenken Sie dem Pferd Aufmerksamkeit. Kein Pferd wird Ihnen je etwas tun, ohne vorher zu warnen.
5 Nehmen Sie sich Zeit. Pferde mögen keine Hektik – und warum sollten Sie sich die Reitstunde nicht als Insel der Entspannung in Ihrem Alltag gönnen?

Hallo, Pferd

Es gibt Reitställe, in denen der Schüler das Pferd zur Stunde geputzt und gesattelt serviert bekommt. Ich hoffe für Sie, dass Ihr Stall Ihnen die Chance gibt, das „Grooming" selbst zu erledigen. Es ist nämlich eine gute Gelegenheit, den Vierbeiner in aller Ruhe kennen zu lernen und mit ihm umzugehen.

Der erste Schritt ist natürlich die Begrüßung. Dafür gibt es Benimmregeln – und da Sie Wert darauf legen, vom Pferd als höflicher Mensch wahrgenommen zu werden, sollten Sie die auch einhalten. Die erste Regel: Sie würden es nicht mögen, wenn jemand in Ihr trautes Heim eindringt, sich ungefragt aufs Sofa setzt und Ihnen dann das Abendprogramm aufdrängt. Pferde mögen solche Aktionen auch nicht, daher gilt: Sagen Sie erst einmal „Guten Tag". In welchen Worten Sie das tun, bleibt Ihnen überlassen.

Danach dürfen Sie dem Pferd die Hände reichen – beide, bitte schön. Zwei offene Handflächen zeigen, dass Sie a) in friedlicher Absicht kommen und b) bereit sind, sich beriechen zu lassen. Dazu darf sich Ihr vierbeiniger Partner Zeit lassen – Sie sind

1 Doris und Henry zeigen Aufhalftern: Los geht es mit Halfter sortieren und offenes Halfter in die linke Hand, die rechte auf die Pferdenase.
2 Zweiter Schritt: Pferdenase in das Halfter einfädeln, das Halfter über die Ohren ziehen. Henry arbeitet mit, indem er die Ohren wegklappt.
3 Schnalle zu: Henry ist fast ausgehfertig.
4 Möhrchen: Brave Henrys (und andere Pferde) werden am Ende belohnt.

schließlich im Stall und nicht auf der Flucht. Der erste Schritt nach der Begrüßung ist: Anziehen. Pferde haben bekanntlich keinen eingebauten Haltegriff und eine kurze Aufmerksamkeitsspanne. Daher sollte man sie grundsätzlich nicht splitterfasernackt vor die Box stellen. Sie würden sich nämlich garantiert in dem Moment selbstständig machen, in dem Sie sich umdrehen, um etwas aus der Putzkiste zu holen. Und ein freies Pferd im Stall steht meist für Chaos und schimpfende Reiterkameraden. Dabei können Sie noch von Glück reden, wenn das Pferd im Stall bleibt. Manche machen gerne Ausflüge in die Botanik. Das brauchen wir nicht, also: Handgriff dran – sprich: Halfter anziehen. Wie das Schritt für Schritt geht, sehen Sie in unserer Bildserie:

easy·info Alles von links

> Pferde sind Gewohnheitstiere. Immer gleich bleibende Routinen im Umgang mit dem Reiter geben ihnen Sicherheit. Darum werden fast alle Verrichtungen am Pferd – wie Aufhalftern, Auftrensen, Satteln oder Aufsteigen – von links angegangen. Die Festlegung „von links“ – in der Westernreiterei allerdings nicht so üblich – beruht übrigens, wie viele unserer Stallsitten, auf einem Anachronismus: Der Kavallerist trug seine Stichwaffe links, so dass er sie mit der rechten Hand ziehen konnte. Die linke war frei – und darum war sie seine Hand fürs Pferd.

Who's the boss?

1 Henry darf in Ruhe seine Möhre kauen: Doris lässt ihm Zeit. Danach geht's gemütlich auf die Wiese zum Grasen. Gemeinsame Unternehmungen außerhalb des Reitens stärken die Bindung und das Vertrauen der Pferde in ihre Menschen.

2 Henry und Alex beim gemeinsamen Spaziergang: Schauen Sie beim Führen immer nach vorne und nicht zum Pferd.

Sollten Sie weiter als nur in den Stallgang führen müssen, gehört zum Halfter ein Anbindestrick. Der wird meist mit einem Karabiner oder mit einem Sicherheitshaken (Verschluss nach unten ziehen, dann geht er auf) am Halfter befestigt. Bitte wickeln Sie den Führstrick nie um Ihre Hand oder gar um einen Finger – bedenken Sie, dass hinten dran rund 600 Kilo Pferd hängen. Und auch wenn es 600 Kilo Nettigkeit sind – sie können erschrecken und dabei ruckartig wegspringen. Dann ist es einfacher, das Pferd wieder einzufangen als abgerissene Finger wieder einzusammeln.
So weit gediehen, zählen Ihre Führungsqualitäten – im wahrsten Sinne des Wortes. Beim Führen geht es nämlich darum, eindeutig klar zu machen, wer der Boss ist: Sie. Sie gehen vorne, das Pferd marschiert hinter Ihnen drein. Dabei bleibt es weder stehen noch überrennt es Sie, wenn es denn ein einigermaßen wohlerzogenes Pferd ist. Sollte es aber zu den Frechen gehören, die mal austesten wollen, wer das Sagen hat – setzen Sie Ihre Stimme ein. Ein energisches „Lass das!" oder „Komm!" erinnert die meisten Pferde an ihre Erziehung.

Die kalte Schulter?

Wichtig ist allerdings noch eines: Schauen Sie Ihr Pferd beim Führen nicht an. Pferde sehen anders als wir Menschen. Ein Gesicht direkt vor ihnen ist für sie nur eine weiße Fläche. Schreckhafte Pferde gehen auf eine solche, die ja in der Natur nicht vorkommt, bestimmt nicht zu, sondern eher rückwärts. Darum: Zeigen Sie dem Pferd beim Führen die Schulter.

1

2

1 Carmen und Miro zeigen den perfekten Sicherheitsknoten. Schritt 1: Den Führstrick um den Anbindebalken legen.
2 Bitte mit Schleifchen: Legen Sie eine Schlaufe.
3 So wird's: Führstrick durch die Schlaufe ziehen und gleich noch eine legen.
4 Dem Ende nahe: Strick durch Schlussschlaufe fummeln und festziehen.

3

4

check it

Entfesselungskünstler

> Man sollte es nicht glauben, wie gut manche Pferde darin sind, Knoten zu öffnen. Darum lohnt es sich, die lieben Tiere mit einem Sicherheitsknoten anzubinden. Er hat den Vorteil, dass Sie ihn mit einem Griff aufbringen – aber Pferde haben bei ihm keine Chance. Übrigens: Vorher zu Hause ein wenig üben hilft im Ernstfall weiter.

Putzfummel

Ja, Sie werden nicht umhin kommen: Zum Reiten gehört auch das Putzen – und das nicht nur, weil ein gut gewienertes Rösslein hübscher aussieht als ein frisch auf der Matschkoppel paniertes. Fürs Putzen sprechen zwei Gründe:
Überall da, wo Sattel oder Leder mit dem Pferdekörper Kontakt haben, könnte Dreck im Fell Druckstellen erzeugen. Daher müssen speziell die Sattellage und das Pferdegesicht sauber gehalten werden.
Pferde, die einander wohl gesonnen sind, beknabbern sich. Den Vorgang nennt man „soziale Fellpflege" und er hat offensichtlich eine verbindende Funktion.

Putzen statt Knabbern

Nun vermute ich, dass Sie ungern an einem Pferd herumknabbern würden und auch nicht im Gegenzug besabbert werden wollen. Ergo greifen Sie zu Striegel, Kardätsche und Wurzelbürste.
Sie müssen allerdings nicht jedes Mal eine Großputzorgie veranstalten. Wie dreckig das Pferd ist, können Sie ganz einfach mit der Daumenprobe feststellen: Streichen Sie einmal mit dem Daumennagel gegen den Strich durchs Fell. Wenn sich dann ein grauweißer Staubstrich zeigt, kommen Sie um einen baldigen Pferdegroßputz nicht herum.
Bei weniger Dreck reicht es, einmal von vorne nach hinten mit Striegel und Kardätsche durchs Fell zu gehen. Und bei einem Pferd, das robust gehalten wird, sollten Sie zwar den gröbsten Dreck entfernen, aber besser nicht auf Hochglanz wienern. Robustpferde brauchen nämlich ihr Hautfett als Schutz gegen Regen und Schnee.

1

2

1 Putzteufels Grundausrüstung: Striegel, Kardätsche, Hufkratzer, Wurzelbürste.
2 The Lady in Red: Alex' rote Wurzelbürste ist die Allzweck-Putzwaffe. Sie reinigt dreckige Pferdebeine, bürstet den Staub aus der Reithose und dient auch als Mähnenbürste für Notfälle.

Richtig putzen – vor der Reitstunde

Hufe auskratzen: Ganz schulbuchgerecht fängt man links vorne an. Dabei stellt man sich möglichst nahe ans Pferd – dann kann es nämlich, falls es mal erschrickt und ausschlägt, nicht mit Wumm treffen. Weiter geht es wie in unserer Bildserie auf der nächsten Seite. Huffett sollten Sie übrigens nicht vor dem Reiten auftragen – sonst verklumpt es nämlich mit dem Sägemehl aus der Halle.
Mit Striegel und Kardätsche arbeiten Sie sich von vorne nach hinten: Sie beginnen am Hals, den Striegel in der dem Pferd zugewandten Seite. Verklebte Stellen im Fell werden mit kreisenden Bewegungen aufgeraut, anschließend wird mit der Kardätsche in Fellrichtung der Dreck ausgebürstet. Die Kardätsche wird nach jedem Strich am Striegel abgestreift – und der dann hin und wieder auf dem Boden ausgeklopft. Bei Preußens war es einst üblich, dass die „Ausklopfstriche" regelmäßig nebeneinander gesetzt wurden. Heute ist anderes wichtig, wie dass der Striegel nur auf Muskeln eingesetzt wird. Kopf, Beine und der Genitalbereich werden nicht damit behandelt.

1

2

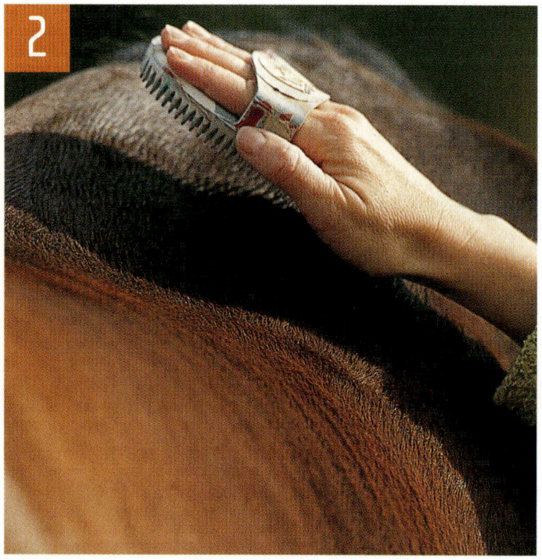

3

Mähne und Schweif: Die Mähne wird mit dem Mähnenkamm in Form gebracht. Am Schweif sollte man mit der Bürste vorsichtig sein, denn Schweifhaare wachsen nur sehr langsam nach. Daher liest man sie am besten mit der Hand aus.
Kopfwäsche: Wenn nötig, werden Augen und Nase des Pferdes mit einem sauberen Schwamm gereinigt. Anschließend wird der ganze Kopf mit einer weichen Bürste oder einem Frotteetuch geputzt.
Zwischen den Hinterbeinen setzt man einen anderen, sauberen Schwamm ein.

1 Alex und die Aktion 'sauberer Henry': Erst wird mit dem Metallstriegel der gröbste Dreck aufgelockert.
2|3 Etwas weicher: Mit dem Gummistriegel darf man auch an weniger bemuskelte Stellen.
4 Massage de Luxe: Henry genießt den Einsatz des Putzhandschuhs.
5 Bitte schneuzen: Nüstern werden mit einem weichen, sauberen Schwamm gereinigt.

Richtig putzen – nach der Reitstunde

Hufe auskratzen und auf eingetretene Steine oder Splitter kontrollieren. Sehnen abtasten – selbst als Anfänger werden Sie eine angeschwollene oder heiße Sehne bemerken. Wenn Sie so etwas am Pferdebein entdecken, sagen Sie Ihrem Reitlehrer Bescheid. Und seien Sie sicher: Ein Fehlalarm ist ihm lieber als ein Pferd, das lahm geht, weil niemand auf seine Sehnen geachtet hat.

Sattellage kontrollieren: Satteldruck ist für ein Pferd sehr unangenehm. Sie als Reiter sind dafür verantwortlich, dass es nicht darunter zu leiden hat. Darum streichen Sie nach dem Reiten mit der flachen Hand über die Sattellage. Schwellungen – ob groß oder klein, ob aufgrund eines Mückenstichs oder sonst etwas – oder gar eine heiße Stelle sollten Sie dem Reitlehrer melden.

Trockenlegen: Manchmal ist das Pferd verschwitzt (übrigens: weißer Schaum auf dem Pferd ist nicht das Zeichen für schief gegangenen Feueralarm, sondern Schweiß). Im Winter sollten Sie es dann mit einem sauberen Strohwisch trockenreiben. Im Sommer, wenn das Pferd in der Sonne trocknen kann, werden die verschwitzten Stellen mit klarem Wasser abgewaschen (gut für den Säureschutzmantel: Ein Schuss Obstessig ins Wasser. Dann sollten Sie damit aber nicht zwischen den Hinterbeinen putzen. Die Haut dort ist zu empfindlich) und anschließend mit dem Schweißmesser abgezogen. Beine abspritzen: In vielen Ställen werden im Sommer wahre Badeorgien mit dem Schlauch gefeiert. Unbedingt empfehlenswert ist es nicht, mit hartem Strahl verschwitzte Beine abzuspritzen. Ein sanfter Guss aus der Gießkanne ist gesünder fürs Pferd.

1 Gib Pfötchen: Henry reicht Alex brav den Vorderhuf. Zum Dank dafür kratzt sie ihn sorgfältig aus.

2 Der Hufstrahl: Zwischen den beiden Furchen im Huf liegt der so genannte Hufstrahl. Er und die Furchen müssen besonders sorgfältig und vorsichtig gereinigt werden. Speziell sollten Sie darauf achten, dass sich keine Steinchen in der Strahlfurche verklemmen.

1

Satteln

Sie wollen jetzt endlich aufs Pferd? Gemach, gemach – wir sind schon ganz nahe dran. Wir werden Ihr hoffentlich sicher angebundenes Rösslein jetzt nämlich gleich in ein Reitpferd verwandeln.
Dazu brauchen wir einen Sattel – und weil Sättel manchmal recht schwer sind und man sie durch den ganzen Stall schleppen muss, lohnt es sich, den Satteltransport gleich von Anfang an richtig zu lernen. Wenn er korrekt aufgeräumt wurde, sind die Bügel (wie auf unserem großen Foto) hochgezogen und gesichert. Der Sattel kommt auf den linken Arm (das gilt übrigens auch für Linkshänder, denn es wird nun einmal von links gesattelt), dabei schaut die Kammer nach vorne, zum Handgelenk. Eine am Sattel befestigte Decke liegt darunter, eine lose wird auf den Sattel gelegt. Nun können Sie losmarschieren – und wenn Ihnen der Sattel einhändig zu schwer ist, dürfen Sie selbstverständlich die rechte Hand zur Unterstützung darunter schieben.
Wie es dann weitergeht, zeigen wir Ihnen in der Bildserie auf der übernächsten Seite:

1

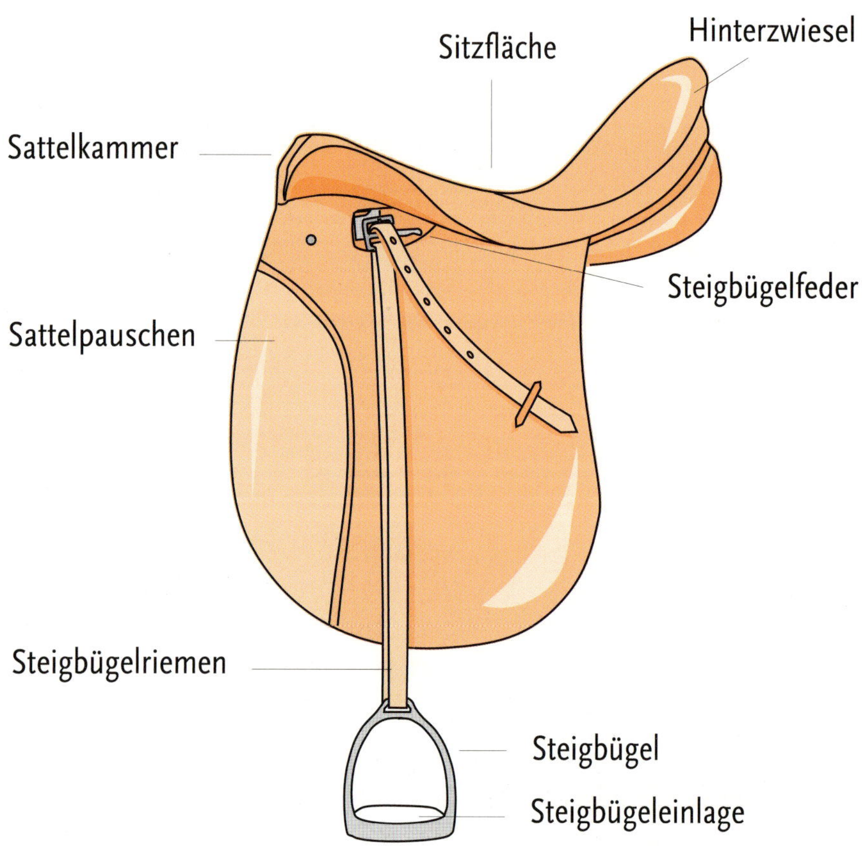

2

1 Englisch-Sattel: Die Schemazeichnung zeigt den kompletten Englisch-Sattel. Besonders wichtig ist die Steigbügelfeder. Sie sorgt dafür, dass sich bei einem Sturz die Bügelriemen vom Sattel lösen können und Sie nicht im Bügel mitgeschleppt werden.
2 Gleich geht es los: Alex bringt den korrekt gesicherten Sattel zum Pferd.
3 Safety first: Die Bügelriemen werden für den Satteltransport gesichert.

3

Beim Aufsatteln ist Alex total im Bilde – und zeigt es Ihnen Schritt für Schritt. Das Absatteln folgt unweigerlich – spätestens nach der Reitstunde – und ist ganz einfach: Dazu werden die Bügel hochgeschoben und gesichert, indem Sie den Steigbügelriemen durch den Bügel ziehen. Anschließend wird der Sattelgurt gelöst, nach unten geschubst, aufgefangen und über den Sattel gelegt. Mit der rechten Hand ziehen Sie dann Sattel und Decke vom Pferderücken. Packen Sie den Sattel auf Ihren linken Arm. Jetzt sind Sie für den Abtransport fertig.

1 Annäherung: Selbstverständlich von links.

2|3 Rauf damit: Alex hat sich den Sattel so zurechtgelegt, dass sie ihn nur aufs Pferd heben muss.

4 Mit dem Strich: Der Sattel wird mit dem Haarstrich in die richtige Position gezogen.

5 Der Rütteltest: Einmal dran rütteln – wenn der Sattel dabei wieder in Ausgangslage zurückfällt, liegt er richtig.

6 Bitte Gurt schließen: Der letzte Schritt.

2

5

check it Den Gürtel eng schnallen?

> Ich kann jedes Pferd verstehen, das beim Schließen des Sattelgurts die Ohren anlegt. Ich bin nämlich auch kitzelig am Bauch. Dazu kommt bei manchen Pferden, dass sie sich beim Satteln aufblasen. Man kann sich aber mit dem Festschnallen des Sattels ein wenig Zeit lassen. Vor allem bei empfindlichen Pferden empfiehlt sich: Im Stall wird der Gurt gerade so weit angezogen, dass der Sattel sicher liegt. Vor dem Aufsteigen wird er dann noch einmal ein wenig enger geschnallt. Und richtig festgezurrt wird der Gurt sowieso erst, wenn das Pferd sich unter dem Reiter entspannt hat.

Auftrensen

Der Sattel allein macht noch kein Reitpferd – die Trense muss auch noch drauf. Am Anfang wirken die vielen Riemen dabei etwas verwirrend, doch keine Angst: Sie kriegen das hin. Der Trick ist, die Trense am Genickstück vom Haken zu nehmen. Dann sorgt nämlich die Schwerkraft dafür, dass alles in die richtige Position fällt. Und falls sich doch einmal zwei Riemen verheddert haben, hilft meist sanftes Schütteln. Und wie Sie das Metall dann ins Pferdemaul und die diversen Riemen an die dafür vorgesehenen Plätze bekommen, zeigt die Bildserie.

1|2 Mit der rechten Hand nehmen Sie das Reithalfter unterhalb des Stirnriemens und halten es über die Pferdenase. Mit der linken Hand legen Sie jetzt das Gebiss ins Pferdemaul.

3|4 Nun wird das Genickstück über die Ohren des Pferdes gestreift und der Stirnschopf über den Stirnriemen gezogen.

5 Der Kehlriemen wird so verschnallt, dass Sie darin noch eine aufgestellte Hand unterbringen können. Im Nasenriemen sollten nach dem Verschnallen noch zwei Finger Platz finden. Bei kombinierten Reithalftern sollte der Sperrriemen darunter vor den Trensenringen liegen und einem Finger Platz bieten.

6 Henry ist fix und fertig – und sein Blick sagt schon: „Was jetzt?"
Nur ein wirklich gut erzogenes Pferd kann in der Reitbahn für kurze Zeit frei stehenbleiben. Halten Sie Ihr Schulpferd bitte immer am Zügel fest. Sie beide kennen sich nicht so gut – und sicher ist sicher.

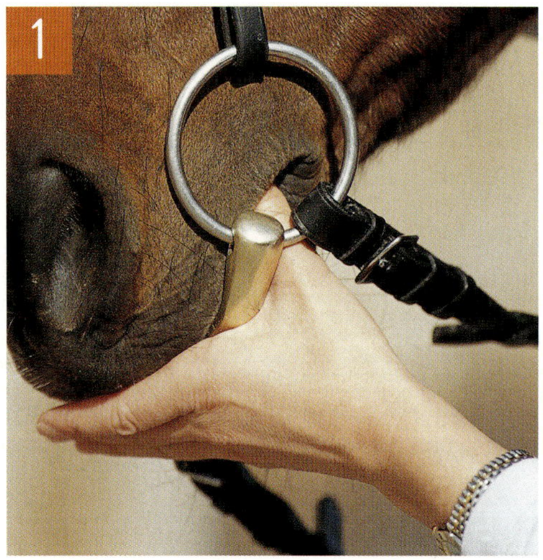

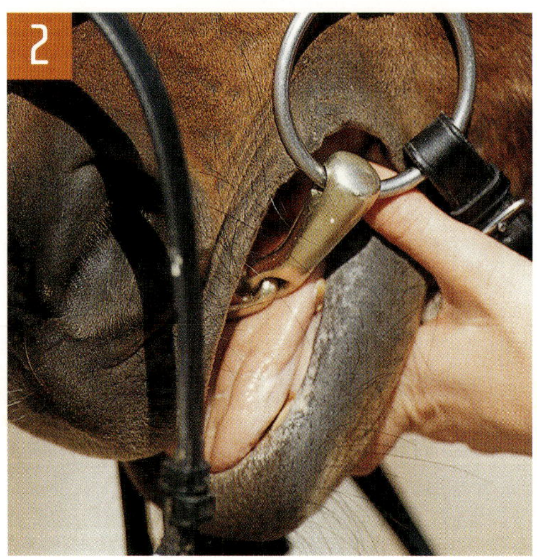

Führen am Zügel

Wenn es sich nur um ein paar Schritte vom Stall auf den Reitplatz handelt, lassen Sie den Zügel auf dem Pferdehals liegen, fassen mit einer Hand danach und marschieren los.
Sollten Sie aber einen weiteren Weg haben, wird der Zügel vom Hals genommen. Dann fasst die rechte Hand kurz unterhalb des Gebisses hinein, die linke nimmt das Zügelende. Damit haben Sie Ihr Pferd in jeder Situation im Griff.

6

Die ersten Annäherungsversuche sind geschafft

Check it and get it!

- ✓ Ich freue mich auf meine erste Reitstunde – und ich habe das Gefühl, eine erste Ahnung vom Umgang mit Pferden zu haben.
- ✓ Reiten ist mehr als Draufsitzen und Losdonnern. Ich werde mir für das Drumherum Zeit nehmen.
- ✓ Putzen = sozialer Kontakt. Ich glaube, das wird mir Freude machen.
- ✓ Beim Satteln und Trensen werde ich am Anfang noch Hilfe brauchen. Aber ich werde es schnell lernen.

Vom Drauf- und Drankommen

Ready for take-off?

Es hat etwas von einem „Blind Date“: Es kribbelt im Magen, in der Nacht davor ist man ein wenig unruhig, wacht aus unklaren Träumen auf, fragt sich, wie „er“ (oder „sie“) wohl sein werden und wie man miteinander harmoniert. Wird der andere auf einen zukommen oder sich abwartend verhalten? Wird es Liebe auf den ersten Blick sein? Oder zumindest Sympathie? Die erste Reitstunde – ich wünsche Ihnen, dass sie der Beginn einer Freundschaft fürs Leben wird. Und dafür, dass das klappt, werden wir jetzt gemeinsam etwas tun.

An der langen Leine

In alten Reitlehren ist es geradezu ein Credo: Ein Anfänger gehört an die Longe. Und tatsächlich haben Longenstunden ihre Vorzüge – angefangen damit, dass sich der Schüler ausschließlich aufs Sitzen konzentrieren kann bis dahin, dass ihm die volle Aufmerksamkeit des Lehrers gilt. Mit Longenstunden kann man sehr schnell sehr viel lernen.

Es gibt allerdings auch zwei Nachteile: Zum einen sind Longenstunden kostspielig, zum anderen sind sie anstrengend für den Reitschüler, weil er sein Gleichgewicht auf gebogener Linie halten muss. Das ist schwieriger als beim Geradeausreiten. Reiten ist vor allem eine koordinative Herausforderung – der Körper muss lernen, sich auf dem Pferd auszubalancieren – und er lernt am besten durch Übung. Üben kann man aber auch in der Abteilungsstunde.

Daher mein Tipp: Fangen Sie mit drei, vier Longenstunden an, steigen Sie dann in die Gruppenstunde ein und schieben Sie immer wieder einmal eine Longenstunde als „Intensivkur" dazwischen.

easy·info Die Aufsteighilfe

> Bei uns gilt die Aufsteighilfe leider manchmal als „unsportlich", obwohl sie für Pferd und Reiter rückenschonend ist. In gut geführten Reitställen ist sie aber zum Glück schon zur Selbstverständlichkeit geworden. Aber keine Sorge: Sie werden es im Notfall auch ohne Aufsteighilfe schaffen, in den Sattel zu klettern – auch wenn er auf den ersten Blick sehr hoch droben erscheint.

Ganze Abteilung Marsch

Früher war es keine Frage, wie eine Reitstunde in der Gruppe verlief: Der Reitlehrer teilte eine „Abteilung" ein. Dabei reihte er die Reiter im Gänsemarsch mit jeweils einer Pferdelänge Abstand hintereinander auf. Der erste Reiter in einer Abteilung war meist der Erfahrenste, er bildete die so genannte „Tete" und war damit immer der Erste, der ein Kommando des Reitlehrers umzusetzen hatte. Oft genug war er aber auch der Einzige, denn Pferde sind Herdentiere. Sie folgen gerne dem, was ihnen das Pferd an der Spitze der Truppe vormacht.

Folglich kann ein Reiter in der Abteilung nicht immer sicher sein, ob das Pferd nun seine Hilfe angenommen hat, oder ob es einfach das nachahmt, was vorne vorgeturnt wird. Das ist der Nachteil am Abteilungsreiten und der Grund, warum es bei manchen Reitlehrern total verpönt ist.

Der leichtere Weg

Es hat aber auch Vorteile – vor allem für den Anfänger: Dinge, die er vielleicht noch nicht beherrscht und die ihm beim Einzelreiten nie gelingen würden, klappen in der Abteilung. Des Reitschülers Sportkamerad macht einfach den anderen vor ihm etwas nach – und dabei bekommt der Reiter ein Gefühl dafür, wie es ist, wenn es denn läuft. Aus dem heraus ist manche Übung leichter zu erlernen. Zudem bietet die Abteilung dem Anfänger eine Chance, sich immer wieder auf seine Schwachstellen zu konzentrieren. Er muss dabei nicht befürchten, einem anderen Reiter in den Weg zu kommen. Daraus ergibt sich: Am besten werden Sie da bedient, wo sowohl Einzelreiten in der Gruppe als auch Abteilungsreiten geübt wird.

Bitte aufsitzen!

Wir haben's geschafft: Das Pferd ist aufgetrenst und gesattelt. Jetzt müssen wir nur noch in den Sattel kommen. Dabei sind Sie als deutscher Reitschüler ein wenig im Nachteil. In Südamerika und teilweise sogar in England ist es üblich, dass Reiter entweder von einem Helfer in den Sattel geworfen werden, oder dass vor dem Stall ein spezielles Aufsteigebänkchen steht.
Vor dem take-off sind allerdings noch zwei Kleinigkeiten zu prüfen: Zum einen sollten Sie noch einmal den Sattelgurt nachziehen. Zum anderen sind die Bügel einzustellen. Die ganz optimale Länge finden Sie nur vom Sattel aus. Aber das ungefähre Maß ist einfach zu finden: Greifen Sie mit der einen Hand an die Bügelfeder, strecken Sie dann den Arm und ziehen Sie den Bügel in Ihre Achselhöhle. Wenn die Trittfläche Ihren Körper berührt, dürfte die Länge ungefähr stimmen.
Jetzt aber endgültig ab in den Sattel mit Ihnen! Dazu stellen Sie sich auf die linke Seite des Pferdes, Ihren Rücken seinem Kopf zugewandt. Sie fassen mit der linken Hand über den Mähnenkamm nach den Zügeln,

so dass der rechte Zügel zwischen kleinem Finger und Ringfinger und der linke Zügel in der ganzen Hand liegt. Dabei nehmen Sie schon leicht Kontakt mit dem Pferdemaul auf – und signalisieren damit Ihrem Pferd: „Stehen bleiben oder ich schimpfe!"
Jetzt dürfen Sie mit der linken Hand, in der Sie die Zügel halten, nach dem Mahnenkamm des Pferdes greifen. An dem kann man sich nämlich wunderbar festhalten – besser jedenfalls als an den Zügeln. Wenn Sie dem Pferd nicht in die Frisur fassen wollen, so bietet die Sattelkammer auch einen guten Ansatz. Die rechte Hand fasst unterdessen den Bügel und dreht ihn im Uhrzeigersinn zum Pferd. So sorgen Sie dafür, dass er sich nicht verdreht und Ihnen nachher eine Druckstelle an der Wade beschert. Und hoch das Bein – die linke Fußspitze kommt jetzt bis zum Ballen in den Bügel. Die rechte Hand fasst hinten an den Sattel, Sie holen mit dem rechten Bein Schwung und federn mit leicht geneigtem Oberkörper nach oben. Dabei drehen Sie sich – und das, wenn es geht, ohne dem Pferd Ihre Fußspitze in die Rippen zu bohren.

1 Kerstin und Rhapsodie führen Aufsteigen vor: 1. Linker Fuß in den Bügel.
2 Aufwärts: Abstoßen, Schwung holen, aufwärts geht es.
3 Mit Schwung: Drehen, schwingen, das rechte Bein geht jetzt über die Kruppe.
4 Bitte mit Gefühl: Weich in den Sattel gleiten.

Der Schwung sollte Ihnen reichen, mit dem rechten Fuß ohne anzuboxen über die Kruppe des Pferdes zu kommen. Ihre Kehrseite kommt dabei unweigerlich mit und darf nun – aber bitt' schön sanft – in den Sattel gleiten. Plumpser sind nicht erwünscht – oder würden Sie es mögen, wenn Ihnen jemand den Wanderrucksack ins Kreuz wirft?
Oben angekommen, dürfen Sie tief durchatmen. Danach angeln Sie sich mit dem rechten Fuß den Bügel, lassen ihn unter den Ballen gleiten, nehmen die Zügel auf, loben Ihr Pferd dafür, dass es während der Operation so geduldig war – und ja, nun sind Sie oben und es kann wirklich und wahrhaftig losgehen.

Und das Ganze zurück

Weil Reiter öfters aufzusteigen haben, üben wir das Ganze – indem wir gleich wieder absteigen. Schulbuchgemäß geht es so:
> Zügel in die linke Hand, die rechte stützt sich vorne am Sattel ab. Nun das rechte Bein aus dem Bügel und über die Kruppe schwingen.
> So weit gediehen, fasst die rechte Hand an den Hinterzwiesel des Sattels, die linke sucht wieder einmal Halt im Mähnenkamm – so können Sie sich ausbalancieren, den linken Fuß ebenfalls aus dem Bügel nehmen und mehr oder minder elegant wieder auf dem Boden ankommen.
Und für die ganz Sportlichen unter uns gibt's dann auch noch die Variante „Flanke":
> Zügel auf den Hals, beide Hände halten sich vorn am Sattel fest, beide Füße schlüpfen aus den Bügeln.
> Jetzt kräftig Schwung holen, beide Beine hinten über der Kruppe zusammenfedern lassen und links abspringen.

1

2

3

Sitzt das?

Über den richtigen Sitz des Reiters sind schon so viele Bücher geschrieben worden, dass man damit locker eine Bibliothek füllen könnte. Dabei ist es eigentlich ganz einfach. Sie erlauben, dass ich bei dieser Gelegenheit einmal über Ihre Kehrseite rede? Sie ist der Teil Ihrer Anatomie, der einen großen Teil der Kommunikation zwischen Ihnen und dem Vierbeiner zu übernehmen hat. Und was Sie mit ihr zu tun haben, widerspricht populären Anweisungen zum Lernen. Sie sollen Ihren Hintern nämlich nicht zusammenkneifen, sondern entspannen.

Das können Sie schon vor der ersten Reitstunde zu Hause ausprobieren. Setzen Sie sich einfach aufrecht auf Ihren Podex, entspannen Sie die Muskeln und versuchen Sie, Ihr Körpergewicht möglichst gleichmäßig auf die linke und rechte Hinterbacke zu verteilen. Dabei spüren Sie die Sitzknochen unter den Muskeln – und das Gefühl sollten Sie in die Reitstunde mitnehmen. Solange Ihre Sitzknochen mit dem Sattel Kontakt haben, sitzen Sie nämlich nie ganz falsch. Aus der richtigen Position der Sitzfläche ergibt sich der Rest. Wenn Ihr Hintern richtig Kontakt mit dem Sattel hat, sind Ihre Oberschenkel und Ihre Knie ebenfalls „dran" – Sie drehen sie nämlich leicht nach innen, so dass sie in großer Fläche Kontakt mit dem Sattel aufnehmen. Und wenn Sie nun die Oberschenkelmuskulatur schön entspannen, liegt ihr Kniegelenk am Sattel – das ergibt den sogenannten „Knieschluss", für den Sie spätestens dann dankbar sind, wenn Sie einmal eine Meinungsverschiedenheit mit dem Pferd haben. Solange die Knie „zu" sind (wie Reiter so schön sagen), schafft es kein Pferd, Ihnen den Freiflugschein zu überreichen.

Aus dem Knieschluss ergibt sich aber auch

die Lage der Unterschenkel: In Höhe des Gurtes beziehungsweise leicht dahinter halten sie mit ihrer Innenseite Kontakt zum Pferd. Die Unterschenkel machen Sie möglichst lang – indem Sie den Fuß, unter dessen Ballen der Bügel liegt, nach unten durchtreten. Dabei spannen Sie unweigerlich die Unterschenkelmuskulatur an. Und das ist auch gut so, denn die Unterschenkelmuskulatur treibt das Pferd an. Dazu bedarf es eines gewissen Drucks, der mit einem völlig entspannten, also weichen Unterschenkel nicht zu erreichen wäre.

1 Absitzen, die erste: Füße aus den Bügeln, am Mähnenkamm abstützen.
2 Mit Schmackes: Mit Schwung das rechte Bein über die Kruppe bringen.
3 Die Erde hat uns wieder: Bitte beim Abspringen das Pferd nicht loslassen.

Eine ganze Hand voll Zügel

Zwar sitzen Sie jetzt perfekt, aber bevor es endgültig losgeht, sind noch die Zügel aufzunehmen. Am Anfang ist es einfach, da haben Sie nämlich nur mit den beiden Trensenzügeln zu tun (später, als fortgeschrittener Reiter, können noch zwei mehr – die Kandarenzügel – dazukommen). Die beiden Zügel sollten unverdreht und gleich lang aufgenommen werden. Dazu fassen Sie von oben so hinein, dass der Zügel zwischen dem kleinen und dem Ringfinger in die Hand hinein- und über den Zeigefinger wieder hinausläuft. Machen Sie nun eine Faust, dabei fixieren Sie mit dem dachförmig aufgestellten Daumen die aus der Hand laufenden Zügel. Das lose Zügelende schließlich fällt unter der Hand auf den Widerrist des Pferdes beziehungsweise auf eine Seite des Halses.

Jetzt müssen Sie nur noch darauf achten, dass Ihre Handgelenke locker bleiben und die Zügelfaust weder nach innen noch nach außen kippt. Sie steht – bei leicht angewinkeltem Ellbogen ungefähr in Taillenhöhe – vor dem Reiter. Und ganz perfekt ist es, wenn man vom Ellbogen über die Hand und die Zügel zur Pferdenase eine gerade, leicht nach unten verlaufende Linie ziehen könnte.

Beim Einstellen der Bügel ist der Reiter ebenfalls autark und muss den Sattel nicht verlassen. Fangen wir links an: Zügel in die rechte Hand, die linke greift an den Bügelriemen und öffnet ihn. Zum Bügelverlängern tritt der Fuß den Bügel nach unten in die gewünschte Position, dann wird die Schnalle wieder geschlossen. Zum Bügelverkürzen zieht man die Schnalle so weit durch, bis das Bein richtig liegt. Nun das Ganze noch auf der anderen Seite seitenverkehrt – voilà. Und dass man dabei beide Bügel um die gleiche Anzahl Löcher verstellen sollte, damit sie auch weiterhin gleich lang sind, dürfte klar sein.

Doch aus eigener, leidvoller Erfahrung noch einen Tipp: Achten Sie darauf, dass Sie die Schnalle des Bügels wieder ganz nach oben unter ihr schützendes Leder ziehen. Man sitzt nämlich wirklich unbequem mit einer Bügelschnalle unter dem Oberschenkel. Und merken Sie sich, in welchem Loch Sie die Bügelriemen hatten. Obgleich man Bügel auf dem Pferd verschnallen kann – von unten ist es doch wesentlich angenehmer.

check it

Safety first

> Ein wackliger Sattel ist bestimmt kein sanftes Ruhekissen, sondern im Gegenteil gefährlich. Daher gehört zu den ersten Übungen: Nachgurten. Es geht ganz einfach: Die Zügel werden – mit Fühlung zum Pferdemaul – in die rechte Hand genommen. Der linke Fuß – im Bügel! – legt sich vor das Sattelblatt, mit der linken Hand greifen Sie darunter und ziehen eine Schnalle nach der anderen an. Bitte niemals beide gleichzeitig öffnen – sonst liegen Sie nämlich sehr schnell im Dreck und dürfen den Lästermäulern auf der Tribüne auch noch eine Runde zahlen.

3

4

1 Von der Seite: Bitte nicht ab- und umknicken. Die Faust sollte gerade stehen.
2 Von oben: Der Daumen steht dachförmig über dem Zügel.
3 Artistik für die Sicherheit: Nachgurten sieht schlimmer aus als es ist.
4 Bügelriemen einstellen: Der Fuß tritt den Bügel in die richtige Länge, die Hand am Riemen hält dagegen.
5 Vorsicht, Aua: Wenn die Schnalle nicht wieder ganz oben landet, gibt's einen blauen Fleck.

5

Schiebung

Ein Freund von mir pflegt des Öfteren Pferde zu schieben. Der Gute ist nämlich Chef einer Deckstation, auf der jedes Jahr hunderte von Stuten aus- und eingeladen werden müssen. Und weil Pferdemädchen sehr eigenwillig sein können, hat der Freund eine effiziente Verlademethode entwickelt: Er stellt den Hänger so neben den Stall, dass die Klappe parallel zur Stallwand liegt. Sein Helfer platziert sich unterdessen an der offenen Seite der Verladeklappe. Ein zweiter Helfer bringt die vierbeinige Lady, der Freund sitzt unterdessen auf seinem Minitraktor, auf dessen Gabel er vorne einen riesigen Strohballen gespießt hat. Nun geht der Führer mit der Stute auf den Hänger zu. Gleichzeitig schiebt der Freund von hinten mit seinem Strohballen am Pferdehintern. Damit ist die Stute von drei Seiten umzingelt: Links die Stallwand, rechts der erste Helfer, von hinten der Strohballen – bleibt also nur noch, geradeaus in den Hänger zu marschieren. Und weil man im Hänger früher oder später gegen eine Wand läuft, bleibt das Pferd brav da stehen, wo man es haben will. So funktioniert Reiten – im Prinzip. Nur dass Sie statt Stallwand, Helfer, Strohballen und Hänger Ihren Hintern – oder, um es fachgerecht auszudrücken, Ihr Kreuz – Ihre Schenkel und Ihre Hände einsetzen. Der Hintern fungiert als Strohballen: Er treibt – im Zusammenspiel mit den Schenkeln – nach vorne. Der linke Schenkel ist die „Wand", die dafür sorgt, dass das Pferd nicht nach links ausweicht. Der rechte Schenkel spielt den Helfer, der auf der anderen Seite Abwanderung verhindert. Und ihre Hände schließlich halten die Zügel – und solange Sie auf gleicher Höhe sind, wirken Sie wie eine „Wand", die vor dem Pferd errichtet wird. Damit ist es erst einmal von allen Seiten umzingelt.

Der Trick ist, dass Sie die Wände bewegen können. Sie geben mit dem linken Schenkel etwas Druck und öffnen vorne links (indem Sie mit der Hand nachgeben) – das Pferd weicht dem Druck und geht nach links. Nach rechts geht es genau andersherum.

Damit haben wir das Grundprinzip des Zusammenspiels zwischen Zügel, Schenkel und Kreuz. Je subtiler und besser koordiniert dieses Zusammenspiel erfolgt, desto mehr ist damit reiterlich zu erreichen. Dann wird reiten zur Reitkunst.

check it Dreimal vier

> Pferde haben bekanntlich drei Gänge – Schritt, Trab und Galopp. Doch im Gegensatz zu einem Auto, das bei einer bestimmten Geschwindigkeit (beziehungsweise Umdrehungszahl) in den jeweils nächst höheren Gang geschaltet werden sollte, beherrschen Pferde innerhalb eines Gangs vier Tempovarianten: Gemächlich, mittelschnell, schnell und besonders ausdrucksvoll.

In der Terminologie der Reiter:
Versammelter Schritt, versammelter Trab, versammelter Galopp
Arbeitstempo
Mittelschritt, Mitteltrab, Mittelgalopp
Starker Schritt, starker Trab, starker Galopp.

check it

Das Kreuz mit dem Kreuz

> „Kreuz anspannen!“ ist eine Lieblingsanweisung der Reitlehrer und klingt für den Laien vermutlich wie Chinesisch. Gemeint ist damit nicht mehr und nicht weniger, als dass Sie dem Pferd mit Ihrer Kehrseite Druck machen sollen. Dazu setzen Sie sich mit vollem Gewicht auf Ihre Gesäßknochen und schieben Sie durch Aufrichten des Beckens leicht nach vorne – ungefähr so, wie Sie eine Schaukel in Bewegung versetzen. Der Witz dabei ist, dass Sie den Rücken gerade halten, die Schultern aufrecht und den Kopf oben. Dann nämlich treibt Ihr Gewicht das Pferd vorwärts – und genau das ist erwünscht, wenn der Reitlehrer Ihnen etwas von „Kreuz anspannen!“ erzählt.

Vorwärts im Schritt

Die meisten Anfänger mögen Schritt – und verstehen gar nicht, warum er in der Dressur so hoch gewertet wird. Schließlich ist es doch ganz einfach: Man tippt das Pferd mit beiden Schenkeln kurz an und es marschiert los – in einem ruhigen Viertakt, in dem der Reiter nicht geworfen wird. Wo ist also das Problem beim Schritt?
Bei mir war es oft der Schrei des Reitlehrers, der da lautete: „Sibylle, dein Pferd fällt gleich auseinander!" Damit wollte er natürlich nicht andeuten, dass bei meinem edlen Vierbeiner ein paar Schrauben locker saßen. Er wollte mir damit sagen, dass ich etwas arbeiten sollte.

Arbeit im Schritt – dabei kann man ins Schwitzen kommen. Es beginnt damit, dass man mit den Händen am Zügel elastisch nachgibt, um dem Pferd für die schritttypische Nickbewegung Luft zu lassen. Damit aber noch nicht genug: Schritt wird nicht in der gemächlichen Variante geritten – das Kommando „Schritt" meint immer Mittelschritt. Das heißt, dass Sie Ihr Pferd etwas beschleunigen müssen, indem Sie zum einen im Rhythmus des Schritts das Kreuz anziehen und zum anderen abwechselnd mit dem linken und dem rechten Schenkel treiben, das heißt, mit den angespannten Muskeln etwas Druck ausüben.

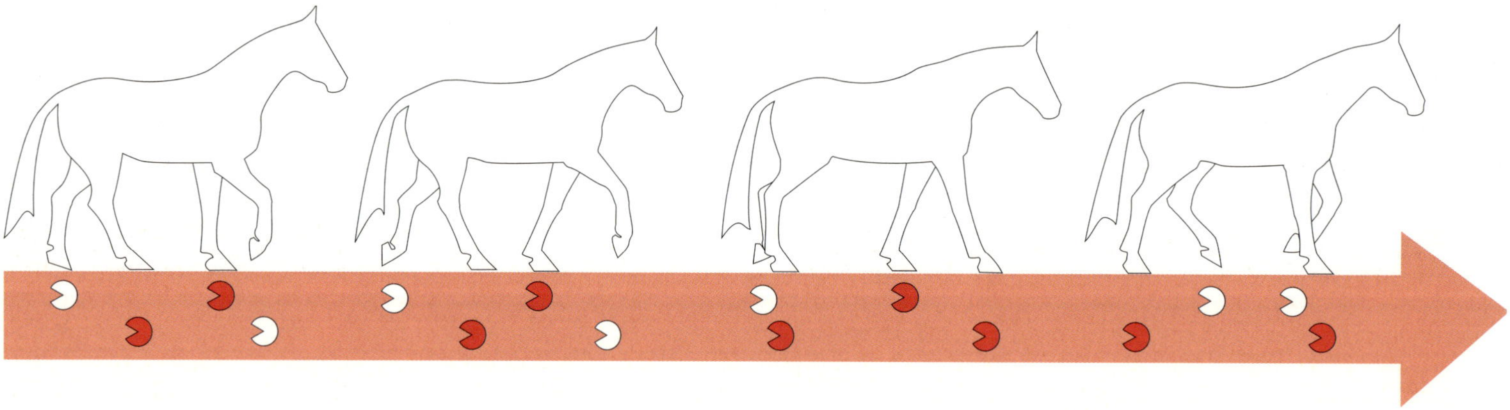

check it Innen und außen

> Ein wenig Reiterlatein: Sie werden öfter hören, dass von „Innenschenkel", „Außenzügel" oder dem „inneren Hinterbein" (des Pferdes natürlich) die Rede ist – und sich wahrscheinlich fragen, wo bei einem Pferd „innen" und „außen" ist.
Im Gegensatz zu einem Schiff, bei dem Back- und Steuerbord festgelegt sind, verändert sich bei einem Pferd innen und außen – je nachdem, wie es gestellt ist. Gestellt wird in die Richtung, in die bestimmte Lektionen – wie zum Beispiel Angaloppieren, Seitengänge – geritten werden. Reiten Sie also zum Beispiel links herum, muss das Pferd in den Ecken nach links gestellt werden – folglich ist beim Linksherum die linke Seite die Innenseite, an der Sie den inneren Zügel, den inneren Schenkel und die inneren Beine des Pferdes zu suchen haben. Geht es rechts herum, wechselt das Ganze logischerweise.

Im Trab

… haben Sie erst einmal mein Mitgefühl. Ich kann mich noch gut an meine ersten Trablektionen erinnern – und beim Gedanken daran klappern mir heute noch die Zähne. Der Trab ist nämlich ein schwungvoller Zweitakt mit Schwebephase – und die ist es, die Reiterzähne zum Klappern bringt. In der Schwebephase bekommt man nämlich einen Schubs von unten. Der hebt einen aus dem Sattel, in den man anschließend beim Auffußen des Pferdes wieder hineinknallt. Bequem ist das nicht. Aber mit zunehmender Übung lernt man, damit umzugehen. Und schließlich macht Traben sogar Spaß. Vertrauen Sie mir diesbezüglich?
Dann lassen Sie uns antraben. Am leichtesten geht es aus dem Schritt heraus.
Sie denken an unsere Wände? Dann setzen Sie sie dementsprechend ein: Kreuz anziehen, beide Schenkel an beziehungsweise kurz hinter den Gurt, Unterschenkelmuskeln anspannen, mit den Händen nachgeben – wenn Sie ein wohlerzogenes, einigermaßen fleißiges Pferd unter dem Hintern haben, müsste es jetzt im Arbeitstempo Trab losmarschieren. Wenn nicht, verstärken Sie den Druck mit Schenkeln und Kreuz. Und wenn

das immer noch nicht hilft, sollten Sie Ihren vierbeinigen Faulpelz mit der Gerte wecken. Und für die Zukunft: Antraben aus dem Stand funktioniert genauso – nur dass Sie da beim Anreiten noch mehr Druck machen müssen, um dem Ross begreiflich zu machen, dass jetzt Trab verlangt ist. Allerdings ist die Übung etwas kitzelig. Wenn Sie zu wenig Wumm dahinter haben, schnarcht Ihr liebes Pferd im Schaukelschritt los. Haben Sie aber zu viel, galoppiert es aus dem Stand. Zeit und Erfahrung werden Ihnen helfen, das richtige Maß zu finden.

Mit Leichttraben geht's leichter

So weit gediehen, verrate ich Ihnen jetzt auch gleich Trick Nummer eins, sich den Trab bequemer zu machen: Leichttraben. Was das bedeutet? Eigentlich ganz einfach: Sie entgehen dem Stoß von unten, indem Sie rechtzeitig Ihren Hintern aus der Gefahrenzone entfernen. Dazu stehen Sie immer dann auf, wenn ein diagonales Beinpaar abfußt und setzen sich dann, wenn das andere kommt, wieder in den Sattel.
Bleibt nur die Frage: Woher wissen Sie, dass Ihr Aufsteh-Beinpaar abfußt?
Mit einiger Übung ist es einfach – Sie spüren es und Sie können, weil Sie im Rhythmus mit Ihrem Pferd sind, rechtzeitig darauf reagieren. Aber bis Sie die Übung haben, können Sie nachgucken – und zwar an der Schulter des Pferdes.
In deutschen Reitbahnen ist es üblich, dass das Abfußen des inneren Hinterbeines als Signal für das Aufstehen des Reiters gilt. Weil Sie aber das Hinterbein nicht sehen können, ohne sich zu verrenken, dürfen Sie die Schulter des Pferdes als Orientierungshilfe nehmen. Mit Vorgehen der äußeren Schulter stehen Sie auf. Mit Vorgehen der inneren Schulter sitzen Sie ein. Und wie Sie an unserem Trabschema unschwer erkennen: Gleichzeitig mit dem linken Hinterbein geht das rechte Vorderbein nach vorne – ergo ist die Vorwärtsbewegung der rechten Schulter beim Leichttraben auf der linken Hand Ihr Signal zum Aufstehen. Traben Sie in der Halle oder auf dem Platz rechts herum, schauen Sie auf die linke Schulter. Oder noch einfacher: Die äußere Schulter gibt Ihnen das Signal.
Beim Handwechsel – also, wenn Sie in der Halle oder auf dem Platz die Richtung wechseln, wechseln Sie immer auch den Fuß, auf dem Sie traben. Dazu sitzen Sie eine Trabphase aus, um dann wieder mit der äußeren Schulter aufzustehen.
Was nun aber das Aufstehen angeht, ist Effizienz angesagt. Sie lüften die Kehrseite jeweils nur so weit, dass der Schubs von unten ins Leere geht. Dann ist nämlich der Weg zum wieder einsitzen kürzer, als wenn Sie Hintern-guck-in-die-Luft spielen würden. Und aus dem Einsitzen wird sofort wieder aufgestanden und das „Scharnier", aus dem die ganze Bewegung kommt, ist das am Sattel anliegende Knie. Die Unterschenkel sollten bei der Übung nämlich weder verkrampfen noch sich irgendwie am Pferd festklammern, sondern weiterhin fleißig vorwärts treiben – und im Gegensatz zum Schritt, in dem Sie abwechselnd links-rechts treiben, wird beim Trab immer mit beiden Schenkeln gleichzeitig Druck gemacht.
Klingt schwierig – ich kann Sie aber trösten: Wenn Sie das Prinzip einmal verstanden haben, geht es Ihnen sehr schnell in Fleisch und Blut über. Und schließlich denken Sie gar nicht mehr darüber nach, sondern beginnen automatisch leicht zu traben, wenn das Pferd losmarschiert.

Aussitzen

So weit gediehen, sind Sie dann reif für die etwas schwerere Trabübung: Aussitzen. Dafür gibt es leider kein sofort wirksames Rezept. Beim Aussitzen hilft nur üben, üben, üben. Wichtig ist dabei, dass Sie sich entspannen. Je weniger Sie Ihre Kehrseite verkrampfen, desto eher haben Sie eine Chance, sich in die Bewegung hineinzufühlen. Und so weit gediehen – was übrigens bei einem weich trabenden Pferd sehr schnell sein kann – werden Sie spüren, dass Ihr

easy·steps Leichttraben

Korrigiert Sie Ihr Reitlehrer ständig, weil Sie auf dem falschen Fuß leichttraben?

Ziel

Auf dem richtigen Fuß leichttraben.

Einzelschritte

1 Ich schaue auf die Schultern des Pferdes. Die äußere ist es, die mich beim Leichttraben interessiert. Wenn sie nach vorne schwingt, hebe ich den Hintern aus dem Sattel.
2 Ich konzentriere mich auf das Gefühl. Trab ist eine rhythmische Bewegung – man kann sie mit „1–2, 1–2" mitzählen. Auf „1" wird dann jeweils aufgestanden, auf „2" setzen Sie sich wieder.
3 Und nun das Ganze mit geschlossenen Augen: Sie orientieren sich kurz an der Schulter des Pferdes, starten dann mit Zählen – und anschließend reiten Sie eine halbe Runde mit geschlossenen Augen. Merken Sie, wie der Rhythmus des Pferdes auf Sie übergeht?

Becken die Tendenz hat, mit der Bewegung des Pferdes leicht zu kippen. Genau das ist es: Lassen Sie es zu, relaxen Sie – und das Pferd nimmt Sie mit. Dann wird Trab bequem.

Spannungsmomente

Es ist nicht abzustreiten: Das edle Dressurpferd Ihres Reitlehrers hat einen weicheren und damit besser zu sitzenden Trab als das Schulpferd, mit dem Sie Ihre Runden drehen. Und niemand kann's Ihnen verdenken, wenn Sie manchmal neiderfüllt hinüberspähen auf den fortgeschrittenen Schüler, der im Trab sanft geschaukelt wird. Bei Ihnen ähnelt es mehr einem Match Pferdewirbel versus Menschensteißbein – mit deutlichen Punktverlusten fürs Steißbein. Dummerweise würde es Ihnen als Anfänger nicht viel nützen, auf dem Dressurpferd zu sitzen. Die ersten paar Trabtritte wären vermutlich weicher. Doch weil ein Anfänger noch nicht wirklich in der Bewegung sitzt, fällt er dem Pferd im Trab unweigerlich in den Rücken. Das ist für das Rösslein nicht angenehm. Es wehrt sich dagegen, indem es alle Muskeln im Rücken anspannt. Weil aber ein gespannter Muskel unbeqem zu sitzen ist, haben Sie wieder das Gefühl, jemand hämmere von unten gegen Ihre Wirbelsäule.

Es scheint ein Teufelskreis zu sein. Das Problem löst sich jedoch recht schnell. Mit jeder Minute, die Sie im Sattel sitzen, werden Sie entspannter. Irgendwann werden Sie sogar auf einem angespannten Pferd bequem sitzen – und ihm dadurch nicht mehr in den Rücken fallen. Folglich wird das Pferd die Muskeln wieder lockern – und Ihnen damit schließlich einen ganz bequemen Trab bescheren.

Mit Schmackes – im Galopp

„Und das lachende Wissen, dass Gott uns liebt, solange es auf Erden die Pferde gibt ...“ – ich bin dem nie näher als im Galopp. Galopp ist meine Lieblingsgangart – und das nicht, weil ich eine tempowütige Heldin bin, sondern weil Galopp wundervoll zu sitzen ist.

Zum Grundsätzlichen: Galopp ist ein Dreitakt (pfeifen Sie dabei einmal leise einen Walzer – Sie werden sich wundern, wie gut der dazu passt) und es gibt ihn in zwei Varianten: Als Links- und als Rechtsgalopp, je nachdem, welches der seitlichen Beinpaare in der Bewegung nach vorne ausgreift. Dazu muss das Pferd leicht gestellt werden.

Beim Angaloppieren dürfen Sie wieder einmal an unsere Wände denken. Sie werden bekanntlich immer dann relevant, wenn es um Stellung geht – und Galopp verlangt immer eine leichte Stellung. Fangen wir mit Linksgalopp an.

Sie sind linksrum in der Bahn unterwegs und tricky, wie Sie sind, nützen Sie die Ecke, in der Ihr Pferd sowieso gestellt ist, um anzugaloppieren. Dazu nimmt man den inneren Zügel etwas an, der äußere gibt genau um das gleiche Maß nach. Der innere Schenkel landet zum Treiben (Sie denken an die Wand?) am Gurt, der äußere geht um ungefähr eine Handbreit hinter den Gurt – dort bleibt er liegen, um zu „verwahren“, wie die Reiter sagen (sprich: Er verhindert, dass das Pferd dem Druck von links zu weit nach rechts ausweicht). Ihre Hüfte folgt automatisch dem Schenkel, dadurch verlagert sich das Gewicht ein wenig nach innen – und jetzt sollte Ihr Pferd eigentlich angaloppieren. Dabei halten Sie es bei jedem Sprung mit dem inneren Schenkel im Tempo, gleichzeitig geben Sie mit der Hand der Nickbewegung nach und entspannen sich. Dann fängt Ihr Hintern an, den „Sattel auszuwischen“, wie mein Reitlehrer sagte – und das war's dann auch schon für den ausgesessenen Galopp.

Noch besser wird's aber beim Galopp im leichten Sitz. Dazu heben Sie Ihren Po ein wenig aus dem Sattel, indem Sie sich – in den Knien abgestützt – in die Bügel stellen. Die Hände dürfen Sie links und rechts am Mähnenkamm aufstützen, der innere Schenkel bleibt treibend am Gurt, der äußere verwahrend eine Handbreit dahinter. Das Pferd unter Ihnen kann jetzt ungestört loszischen – und Ihnen bleibt der ungeschüttelte, manchmal aber rührende Genuss.

Wir reiten eine Parade ...

Habe ich „loszischen" gesagt? Darauf fällt Ihnen wahrscheinlich sofort die Frage ein: „Und wie, bitte, halte ich wieder an?"
In Cowboy-Filmen geht es einfach: Der wackere Held zieht einfach am Zügel und das Pferd bleibt stehen. Weil Sie es aber auch nicht mögen würden, wenn Ihnen jemand ein Eisen gegen die Mundwinkel zieht, muten Sie es Ihrem Pferd nicht zu – und greifen darum nicht zur groben Handbremse, sondern probieren es mit einer subtilen Parade.
Grundsätzlich zur Begriffsklärung: „Parade" nennt man es, wenn Sie Ihre beiden vorderen Wände – sprich: die Hände – vors Pferd stellen. Wenn Sie gleichzeitig von hinten treiben, bleibt dem Pferd dann nichts anderes übrig, als das Tempo zu verlangsamen und schließlich stehen zu bleiben. Weil Pferde aber ebenso ungern wie wir ungebremst gegen eine Wand laufen, steht vor der ganzen Parade immer die halbe.
Fangen wir also damit an: Ihr Pferd ist im Schritt. Sie wollen anhalten. Dazu treiben Sie wie gewohnt links-rechts weiter, span-

easy·tipp Stotterbremse

> Dummerweise werden Pferde auch heutzutage noch nicht mit ABS ausgeliefert. Tritt man bei ihnen voll auf die Bremse – sprich: Gibt bei der ganzen Parade nicht wieder nach oder zieht gar zu heftig am Zügel – schleudern sie zwar nicht, aber dafür können sie sich so hinter dem Zügel aufrollen, dass Sie als Reiter die Kontrolle verlieren. Ergo wird auch bei Pferden im Zweifelsfall die „Stotterbremse" eingesetzt. So wie Sie es einst in der Fahrschule gelernt haben: Bremse treten, loslassen, bremsen. Wenn Sie es also einmal mit einem etwas sturen Vierbeiner zu tun haben, der Ihre erste Parade einfach nicht annehmen will: Nicht festzurren. Mit Ihren xx Kilogramm haben Sie gegen die 600 Kilogramm Pferd in Sachen Kraftmeierei keine Chance. Ihre ist das Annehmen und wieder Loslassen – so lange, bis der Ignorant unter Ihnen nachgibt.

drehen. Das genügt – und wenn nicht, dann lag es nicht an zu wenig Druck vorne, sondern an zu wenig hinten. Wenn eine Parade nicht durchkommt, sollten Sie im nächsten Versuch einfach ein wenig mehr Kreuz und Schenkel einsetzen.
Und eine Kleinigkeit sei noch erwähnt: Wenn das Kommando „Anhalten" ertönt, ist ein bisschen mehr verlangt, als dass das Pferd irgendwie von schief nach schepps in der Halle steht. Korrektes Anhalten erfordert, dass das Pferd seine Beine aufräumt – beide Vorderbeine nebeneinander, ebenso beide Hinterbeine und die möglichst noch unter dem Hintern und nicht irgendwie nach hinten versetzt. Korrektes Anhalten kann nur gelingen, wenn Sie richtig von hinten getrieben haben. Aber selbst dann ist es am Anfang eher Glückssache. Das macht aber nichts, weil Sie korrigieren können. Wenn Sie spüren – und Ihre Kehrseite sagt Ihnen das –, dass Ihr Pferd noch „krumm" steht, korrigieren Sie. Die Vorderbeine nebeneinander geschlossen: Einfach von hinten mit beiden Beinen nachtreiben. Ein Hinterbein heranziehen: Mit dem Schenkel Druck machen, zu dem das Hinterbein gehört.

nen gleichzeitig das Kreuz an und lassen den inneren Zügel für einen Moment stehen – das heißt, Sie geben der Nickbewegung einfach einmal nicht nach. Nicht mehr und nicht weniger. Das Pferd wird nun die Ohren spitzen – wohlerzogen wie es ist, weiß es jetzt nämlich, dass gleich noch was kommt. In diesem Fall: Die ganze Parade, die darin besteht, dass Sie weiter treiben, aber beide Hände stehen lassen. Das Pferd marschiert darauf in den Zügel hinein, kann nach vorne nicht weiter, bleibt stehen – und genau in diesem Moment setzen Sie mit dem Treiben aus und machen die Hand wieder auf (also nehmen den Druck vom Zügel).
Das war's schon – theoretisch.
In der Praxis haben Sie es aber nicht unbedingt immer mit superfein gerittenen Pferden zu tun. Daher kommt es schon einmal vor, dass Sie zur Parade nicht einfach nur die Hand stehen lassen können, sondern Sie etwas „annehmen" müssen. Das bedeutet dann allerdings nicht, dass sie in Cowboy-Manier die Zügel nach oben oder nach hinten ziehen, sondern dass Sie einfach nur die Zügelfaust leicht nach innen

Die halbe Parade

Die Parade – speziell die halbe – braucht man aber nicht nur fürs Anhalten. Sie ist auch sonst sehr wichtig. Sie ist nämlich das Signal, das jeder Lektion vorausgeht. Ob Sie in der Ecke nach links abwenden, aus dem Schritt in den Trab wechseln, aus dem Galopp zum Schritt durchparieren oder später einmal einen Seitengang reiten wollen – wann immer Sie Ihrem Pferd etwas Neues abverlangen, geben Sie ihm davor eine halbe Parade. Sie ist das Signal „Achtung, jetzt kommt etwas".

Um den Schenkel gewickelt

Und da wären wir wieder beim schönen Thema „Biegung und Stellung“. Jetzt geht es nämlich um das Abwenden nach links oder rechts oder, netter gesagt, darum, wie Sie sich Ihr Pferd um den Schenkel wickeln können.
Der, um den Sie es bei einer Wendung zu wickeln haben, ist immer der Innenschenkel. Und wenn Sie nun wieder an unsere Geschichte von den Wänden denken könnten? Demnach geht es wie folgt nach links: Halbe Parade zur Vorbereitung, dann den linken Zügel annehmen. Der rechte gibt gleichzeitig nach. Jetzt setzen Sie sich verstärkt auf den linken Gesäßknochen, treiben mit dem linken Schenkel am Gurt, lassen den rechten Schenkel locker am Gurt liegen – und schon geht Ihr Pferd nach links. Es weicht nämlich wie immer dem Druck – so wie es das einmal in seiner Grundausbildung gelernt hat.

Der Perfektion entgegen

Damit es richtig perfekt wird, sind allerdings noch ein paar Kleinigkeiten zu beachten.
> Bitte knicken Sie nicht in der Hüfte ein. Dadurch rutscht Ihr Gewicht nämlich zur falschen Seite und irritiert das Pferd. Denken Sie daran, wie Sie sich auf einem Motorrad in die Kurve legen würden – mit dem ganzen Körper nach innen, der Fliehkraft folgend. Der Rücken bleibt dabei so gerade wie die Hüfte. Die Schultern drehen locker mit. Bei gut gerittenen Pferden reicht übrigens die Gewichtsverlagerung schon, um Stellung in die gewünschte Richtung zu erreichen.
> Aufrecht bleiben! Drehen Sie nicht den ganzen Oberkörper, sondern nehmen Sie einfach nur die Schulter nach innen mit. Mehr braucht es nicht.
> Fühlung am äußeren Zügel halten. Der innere gibt die Richtung an, aber der äußere führt das Pferd. Er gibt ihm die nötige Stabilität, damit das Pferd nicht in die falsche Richtung abdriftet (was Reiter dann „abfallen“ nennen).
> Und damit das Pferd nicht einfach nur mit der Schulter um die Ecke kommt und der Rest irgendwie hinterherschlufft, bleibt der äußere Schenkel verwahrend am beziehungsweise etwas hinter dem Gurt und hält dort Fühlung. Nur dann biegt das Pferd in einer Wendung nicht nur den Hals, sondern wunschgemäß den ganzen Körper und nimmt dadurch die Hinterhand aktiv mit.

Die aktive Hinterhand

Weil man aus zwei Gehirnen mehr herausquetschen kann als aus einem, habe ich während des Schreibens dieses Buchs immer wieder meine Freundin Karin konsultiert. Und jedes Mal, wenn ich ihr etwas vorgelesen habe, unterbrach sie mich schon auf halber Strecke mit einem eifrigen„Aber denk an die Hinterhand!". Karin ist nämlich eine ebenso erfahrene wie belesene Dressurreiterin und als solche weiß sie, dass beim Reiten vorne nichts geht, wenn hinten nichts läuft.

Pferde sind von Mutter Natur nicht so erschaffen, dass sie mit einem xx Kilogramm schweren Rucksack (sprich: Reiter) auf dem Buckel stundenlang marschieren können, ohne dass es ihnen unangenehm würde. Sie müssen sich unter dem Gewicht neu ausbalancieren. Das ist nicht einfach, vor allem, weil der Rucksack Reiter ja nicht in der Mitte des Pferdes sitzt, sondern im vorderen Bereich. Ergo werden die Vorderbeine des Pferdes mehr belastet als die Hinterbeine. Es sei denn, die Hinterhand wird durch den Reiter so aktiviert, dass sie nicht mehr nur schiebt, sondern aktiv trägt. Nur dann ist garantiert, dass das Pferd Gepäckmärsche langfristig ohne Schäden übersteht.

Die Verantwortung dafür liegt bei Ihnen als Reiter. Sie sind es, der das Pferd dazu bringen kann, die Hinterbeine unter den Körperschwerpunkt zu schieben – indem Sie vorne eine Wand aufstellen (den Zügel) und von hinten treiben. Das nennt man „die Hinterhand aktivieren" und daraus entsteht das, was Dressurreiter „Versammlung" nennen und was dafür sorgt, dass das Pferd sich trotz Reitergewicht in den verschiedensten Lektionen federleicht bewegen kann.

Viel-seitig

Nach links und rechts abbiegen kann jedes Auto. Pferde aber können noch mehr: Sie können seitlich marschieren. Und das macht nicht nur dem Reiter als gelungene Lektion Spaß, sondern ist auch ein gutes Training für die Biegsamkeit des Pferdes.
Nun gehören die Seitengänge eigentlich zu den fortgeschrittenen Dressurlektionen. Aber man kann ja schon einmal daran schnubbern – und irgendwann werden Sie eh damit anfangen. Warum also nicht schon einmal informieren?
Bei Seitengängen – in der Reitersprache Renvers und Travers genannt – marschiert

das Pferd seitlich versetzt, indem es beide Beinpaare kreuzt. Erreicht wird das, indem man innen treibt und außen verwahrt. Fangen wir also im Schritt mit der schönen Übung „Schenkelweichen" an. Dabei geht das Pferd vorwärts-seitwärts, die inneren Beine kreuzen die äußeren. Die Hinterhand steht dabei um etwa 45 Grad seitlich versetzt zur Vorhand. Kompliziert? Nicht so sehr, wenn wir es jetzt Schritt für Schritt durchexerzieren. Dazu brauchen Sie eine lange Dressurgerte. Am Anfang geht es am leichtesten, wenn Sie in der Halle oder auf dem Reitplatz an der Wand oder am Zaun Anlehnung haben. Sie fangen an einer langen Seite auf der linken Hand an, nehmen die Gerte in die rechte Hand und stellen das Pferd nun so nach rechts (inneren Zügel annehmen, der äußere führt), dass es mit der Nase an der Bande ist. Nun kommt das Gewicht auf den rechten Gesäßknochen, der rechte Schenkel treibt innen am Gurt, die Gerte liegt auf Ihrem rechten Oberschenkel und zeigt in Richtung Kruppe. Sie ist im Idealfall nur ein „optisches" Element, das dem Pferd die Richtung weist, denn eigentlich müsste das schon reichen – Ihr Pferd sollte jetzt dem inneren Schenkel ausweichen, indem es zur Seite tritt. Wenn's an der Wand in beide Richtungen klappt, können Sie sich schon einmal auf die Schulter klopfen. Dann haben Sie schon viel erreicht. Aber natürlich geht es noch weiter: Schenkelweichen ohne Anlehnung an die Bande ist dann die nächste Übung. Und wenn Sie so weit gediehen sind, dürfen Sie sich eine Reitlehre für Fortgeschrittene kaufen. In der werden Sie dann lernen, was es mit Schulterherein, Renvers, Travers und Traversalen auf sich hat.

1–4 Trabtraversale durch die ganze Bahn: Corinna und Gino führen vor, wie der perfekte Seitengang im Trab auszusehen hat. Dabei werden alle vier Beine des Pferdes gekreuzt, der Reiter sitzt nur mit leicht nach innen gelagertem Gewicht, die Hüfte knickt nicht und die Fersen bleiben der tiefste Punkt am Reiter.
Übrigens: Am Anfang dürfen Sie schon stolz auf sich sein, wenn die Seitengänge im Schritt klappen.

Kommando: Zurück

Ein wenig erinnert es mich an die Fahrstunde: Rückwärts gehörte dort nicht zu meinen besten Übungen. Das habe ich mit den meisten Pferden gemeinsam. Sie mögen Rückwärts-Manöver nicht, weil sie in ihrem Instinktprogramm als Demutsgeste – Rückzug bei Niederlage in einer Auseinandersetzung mit einem anderen Pferd – vorkommen. Genau deswegen wird Rückwärtsrichten in Dressurprüfungen gefordert: Es ist der ultimative Gehorsamkeitstest.
Dass man den nicht dauernd fordern und natürlich auch nicht ad infinitum et ad nauseam üben sollte, muss ich wohl nicht extra erwähnen. Dennoch: Hin und wieder geht es nur rückwärts – und darum hat es jeder Reitschüler zu lernen.
Geritten wird die Lektion Rückwärtsrichten immer aus dem (selbstverständlich korrekten) Stand. Und wie jeder Lektion, geht

1 Rückwärtsrichten in vier Schritten: Corinna hat Gino mit einer Parade vorbereitet, nun treibt sie hinter dem Gurt mit stehendem Zügel.
2 Halbe Strecke: Gino ist zwei Schritte nach hinten getreten. Corinna bleibt dran und treibt die nächsten Tritte aktiv aus Gino heraus.
3 Rückwärts marsch: Noch zwei Schritte zurück.
4 Genug: Vier Schritte reichen, danach solte das Pferd wieder geschlossen stehen.

ihr eine halbe Parade zur Vorbereitung voraus. Anschließend ist Arbeit angesagt: Sie ziehen das Kreuz an. Dabei treiben Sie mit beiden Schenkeln eine Handbreit hinter dem Gurt und lassen die Hand stehen – oder, wenn das noch nicht reicht, drehen Sie sie leicht nach innen (aber bitte nicht rückwärts ziehen!). Nun nehmen Sie etwas Gewicht von den Gesäßknochen, indem Sie sich leicht nach vorne beugen. Nun tritt das Pferd (hoffentlich) nach hinten. Sie zählen mit. Nach vier Schritten rückwärts – ungefähr einer Pferdelänge – ist grundsätzlich Schluss, denn siehe oben: Es ist eine Unterlegenheitsgeste, die man dem Pferd nicht zu ausführlich abverlangen sollte. Daher setzen Sie sich nach den vier Schritten wieder aufrecht in den Sattel, hören mit dem Treiben auf, geben mit der Hand nach und loben Ihr Rösslein dafür, dass es so gehorsam war.

Vorne- oder hintenrum?

Vorwärts, seitwärts, rückwärts – jetzt fehlt uns nur noch die Wendung. Sie gibt es in zwei Varianten: Vorhand- und Hinterhandwendung. Bei der Vorhandwendung geht es, wie der Name schon suggeriert, darum, das Pferd um 180 Grad um seine eigene Vorhand herumzudrehen. Bei der Hinterhandwendung geht das Ganze andersherum: Die Hinterhand bleibt stehen, das Pferd marschiert mit der Vorhand darum herum.
Die Vorhandwendung ist die einfachere Übung, also fangen wir damit an. Dazu stellen wir uns wieder einmal auf der linken Hand an die lange Seite der Bahn, dieses Mal aber nicht direkt an die Bande, sondern auf den zweiten Hufschlag – das heißt, ungefähr eine halbe Pferdelänge von der Bande entfernt in Richtung Bahnmitte. Das Kommando heißt nun „Auf der Vorhand rechts um kehrt" – und Sie fangen an wie beim Schenkelweichen: Sie stellen das Pferd mit dem Kopf zur Bande. Der innere Schenkel und der innere Zügel sorgen für die Stellung, der äußere Schenkel liegt eine Handbreit hinter dem Gurt, er verwahrt, der äußere Zügel bleibt sanft angelehnt und

1

2

3

1–5 Vorhandwendung Schritt für Schritt: Corinna sitzt gerade, das Gewicht leicht nach innen verlagert. Der innere Schenkel treibt am Gurt, der äußere liegt verwahrend eine Handbreit dahinter. Gino tritt nun Schritt für Schritt mit der Vorhand um die Hinterhand herum. Er tritt dabei weder zurück noch vorwärts, sondern immer nur im Kreis herum.

führt mit. Das Gewicht des Reiters liegt wieder einmal hauptsächlich auf der inneren Gesäßbacke. Und wenn Sie nun genug mit Kreuz und innerem Schenkel treiben, sollte das Pferd nun um seine Vorhand herumtreten. Schritt für Schritt – dabei darf es am Anfang die Vorhand noch etwas mitnehmen, doch je kleiner der Kreis, den die Vorderbeine machen, desto besser ist die Übung gelungen. Nehmen Sie sich viel Zeit dafür – Vorhandwendungen werden immer schön Schritt für Schritt geritten.

Der Vollständigkeit halber: Es gibt auch das Kommando „Auf der Vorhand rechts/links um" – dann ist keine 180 Grad Wendung verlangt, sondern nur eine um 90 Grad.

Die Hinterhandwendung ist deutlich schwieriger als die Vorhandwendung. Sie gehört schon in den Katalog der fortgeschrittenen Dressurlektionen. Darum sei sie hier nur kurz gestreift: Das Pferd wird dazu an der Bande geradegerichtet. Auf das Kommando „Auf der Hinterhand links um kehrt" setzen Sie sich verstärkt auf die innere Hinterbacke und legen den inneren Schenkel an den Gurt. Der innere Zügel gibt ein wenig nach, ohne dabei die Stellung nach innen aufzugeben. Der äußere Zügel steht an, der äußere Schenkel geht eine Handbreit hinter den Gurt und treibt dort die Hinterhand um die Vorhand herum. Dabei sind die ersten drei Schritte am leichtesten, weil das Pferd dabei um die innere Hinterhand herumgeht. Danach wird's ein bisschen diffiziler – Sie werden vor allem am Anfang kaum vermeiden können, dass das Pferd das innere Hinterbein in die Bewegung mitnimmt. Doch das ist, solange es sich im Rahmen hält, erlaubt. Und damit es nicht ausartet, sorgt man dafür, dass jeder Schritt aktiv geritten wird.

Im Schritt, Trab und Galopp

Check it and get it!

- ✓ Ich habe den Anfang an der Longe hinter mir. Ich kann mich in allen drei Grundgangarten ausbalancieren, ich fühle mich im Sattel einigermaßen sicher.
- ✓ Ich kann mein Pferd selbstständig in allen drei Grundgangarten geradeaus reiten.
- ✓ Ich habe die ganze und die halbe Parade erlernt.
- ✓ Biegung und Stellung sind kein Rätsel mehr für mich.
- ✓ Hurra, ich weiß, was Seitengänge sind und habe das Schenkelweichen bewältigt.
- ✓ Ich schaffe eine Vorhandwendung.

Ein gutes Stück weiter

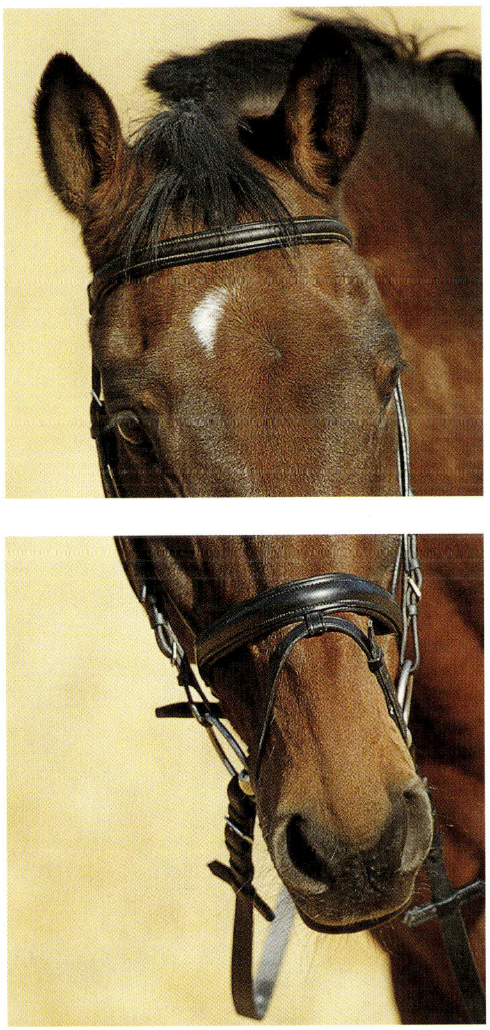

Reiten in der Bahn und im Gelände

Es war der Schriftsteller und Pferdemann Clemens Laar, der einmal gesagt hat, dass ein Reiter nicht lügen könne. Spätestens dann, wenn er aufs Pferd steige, werde offenbar, was er wirklich kann. Vielleicht ist das ein Teil von dem, was uns an der Reiterei so fasziniert? Sie führt uns zu uns zurück, zu unserer Substanz, zu dem, was uns wirklich ausmacht. Im Sattel zählen weder Status noch Einkommen, Pferde lassen sich nicht durch Aufmachung beeindrucken und selbst mit dem feinsten Fresschen nicht bestechen. Pferde sehen hinter unsere Fassade – und sie sind gnädig mit uns. Sie verzeihen uns die Fehler, die wir aus Unwissenheit machen, sie bemühen sich, unsere manchmal unvollkommenen Hilfen umzusetzen und sie schmusen selbst dann mit uns, wenn wir gerade sämtliche zu reitenden Lektionen vermurkst haben. Aber mehr noch: Reiten wird nie langweilig. Die nächste Herausforderung wartet immer schon und wie alt wir auch im Sattel werden – solange wir uns selbst gegenüber ehrlich bleiben, wissen wir, dass es immer noch Neues zu lernen gibt.

Knigge fürs Bahnreiten

Ja, ich weiß: Sie haben nicht mit dem Reiten angefangen, weil Sie Ihre Freizeit in staubigen Reithallen verbringen wollten. Sie sehnen sich nach der großen Freiheit, nach dem Ausritt ins Gelände, dem Galopp über den Stoppelacker.

Oder nicht? Wenn ich jetzt, in dem Moment, in dem ich das schreibe, aus dem Fenster schaue, ist mir nicht nach einem Ausritt. Es ist nämlich kalt und sehr nass draußen. Und ich weiß, wie unangenehm kalter Regen sein kann, der einem erst in den Kragen und dann den Rücken hinunterläuft. Ich weiß nur zu gut, wie eisig Füße in Reitstiefeln werden können und ich kann ein Lied von Blasenentzündungen singen, die ich mir im Winter auf eiskalten Sätteln eingefangen habe.

An Tagen wie diesen geht man gerne in die Halle. Dummerweise hat man die, wenn man nicht gerade Aga Khan heißt, selten ganz für sich alleine. Folglich kommt man nicht umhin, sich mit den Regeln für das Reiten in der Halle auseinanderzusetzen.

1 Reiters Höflichkeit: Der Erste, der Rücksichtnahme und Achtung verdient, ist unser vierbeiniger Partner. Alex weiß das und hat immer ein Leckerli für Henry in der Tasche – als Belohnung fürs Stillstehen beim Nachgurten.
2 Rücksichtsvolle Aufsteiger: Alex hat Henry zum Aufsteigen in die Mitte der Bahn geführt.

Bitte recht freundlich

Etymologie – die Lehre von der Herkunft der Worte – ist manchmal richtig spannend. Schaut man nämlich einmal nach der Herkunft des Wortes „Reiter", dann lernt man, dass es mit „Ritter" im Zusammenhang steht. Und dadurch auch mit „Ritterlichkeit". Und guckt man nun einmal in ein Französisch-Wörterbuch, dann stößt man dort für Reiter auf „Cavalier". Auch da hat das Reiten etwas mit Höflichkeit zu tun. Und weil dem so ist, behellige ich Sie jetzt mit dem Knigge für die Reiter in der Bahn.

Tür frei?

Die allererste und eine der wichtigsten Verkehrsregeln für die Reitbahn greift schon, bevor Sie die Halle oder den Reitplatz überhaupt betreten. Es gilt nämlich, dass man grundsätzlich keine Reitbahn betritt, ohne sich vorher mit den Reitern, die darin unterwegs sind, zu verständigen. Die Frage, die Sie in die Halle hineinzurufen haben, lautet: „Tür frei, bitte?" Das ist die Aufforderung an die anderen in der Halle, den Bereich der Tür zu räumen, um Ihnen

2

die Chance zu geben, eintreten zu können, ohne Rempelei und Rodeo auszulösen. Und weil das Räumen des Eingangsbereichs der Sicherheit aller dient, betritt man eine Reitbahn erst, wenn von innen die Bestätigung gekommen ist: „Tür ist frei!"

In der Mitte ...

... der Bahn liegt zwar nicht holdes Bescheiden, aber dafür der Punkt, an dem Sie all' das erledigen, was ein Reiter nun mal am stehenden Pferd zu erledigen hat – also nachgurten, Steigbügel richten, aufsteigen, ein Schwätzchen mit dem Reitlehrer halten, mit Ihrer/m Liebsten auf der Tribüne schäkern, den Anorak ausziehen, absteigen.
Wenn Sie sich für diese Tätigkeiten nämlich in die Mitte der Bahn verdrücken, können die anderen in der Halle weiterreiten, ohne Ihnen speziell ausweichen zu müssen. Reiters Höflichkeit gebietet außerdem, dass Sie und Ihr Pferd bei Verrichtungen in der Bahnmitte jeweils mit dem Gesicht zur Tribüne stehen – auch wenn darauf keine Zuschauer sein sollten.

Bitte Abstand halten!

Auch das ruhigste, friedfertigste Pferd kann einmal erschrecken und ausschlagen. Damit der Schlag ins Leere geht, hält man in der Bahn grundsätzlich ungefähr 2,50 m – die berühmte „Pferdelänge" – Abstand voneinander.

Es schweigt des Reiters Höflichkeit ...

... von Leuten, die meinen, in der Bahn lautstark miteinander reden zu müssen. Das gilt als ausgesprochen unfreundliches Verhalten – und das nicht nur, weil sich andere Reiter, die sich vielleicht auf ihre Lektionen konzentrieren wollen, davon gestört fühlen könnten, sondern auch, weil man nicht unbedingt über das Pferd (hinweg), sondern mit ihm reden sollte.

Das heißt aber nicht, dass Sie in der Bahn den Mund nicht aufmachen dürfen. Sie dürfen sich durchaus mit Ihrem Pferd, dem Reitlehrer oder auch einmal einem Mitreiter unterhalten – aber bitte in gedämpfter Lautstärke.

Wo, bitte, geht's zum Hufschlag?

„Hufschlag" – den Ausdruck haben Sie vermutlich schon einmal gehört. Er steht aber nicht für die Tritte, die Pferde austeilen würden, wenn sie nicht so höfliche Tiere wären, sondern meint „immer an der Wand entlang" – den Weg, den Reiter als „ersten oder äußeren Hufschlag" nehmen, wenn Sie ganz außen um den Platz oder die Halle herumreiten. In schlecht gepflegten Bahnen kann man den äußeren Hufschlag sogar meist sehen – als eine ausgetretene, tiefer gelegte Spur im Hallenbelag. Im Hinblick auf die Gesundheit der Pferdebeine sollte man den Hufschlag allerdings täglich einebnen – schließlich braucht ein Reiter die Spur im Boden nicht, um den Weg an der Wand entlang zu finden.

Neben dem ersten beziehungsweise äußeren Hufschlag gibt es auch noch den zweiten beziehungsweise inneren Hufschlag – das ist eine gedachte Linie, die ungefähr zwei Meter innerhalb des ersten Hufschlags verläuft.

Für das Reiten auf und um den Hufschlag herum gelten folgende Verkehrsregeln:

1

Schnell geht vor

Wenn in einer Halle alle Reiter in eine Richtung (also „auf einer Hand", wie die Reiter sagen) unterwegs sind, gehört der erste Hufschlag dem, der im Trab oder im Galopp reitet. Konkret: Der Reiter im Schritt hat auszuweichen – und zwar mit mindestens einer Pferdelänge Abstand auf den inneren Hufschlag. Der Traber geht dann außen vorbei. Kommt hinter ihm ein galoppierender Reiter, muss der trabende Reiter den äußeren Hufschlag nicht räumen. Und nein, Reiter haben keine Rückspiegel. Aber dafür haben sie Ohren. Man hört, wenn jemand hinter einem ist.

Und weil in belebten Reithallen fast immer einer trabt oder galoppiert, kann man beim Reiten im Schritt auch gleich auf den inneren Hufschlag gehen – das erspart alle Ausweichmanöver.

Ganze Bahn geht vor

Zu den Bahnfiguren, über die ich Ihnen gleich noch einiges erzählen werde, gehört der Zirkel. Wenn jemand in einer Halle, in der andere ganze Bahn reiten (also auf dem ersten Hufschlag unterwegs sind) auf dem Zirkel seine Kreise dreht, muss er die Vorfahrt derer achten, die außen sind. Ganze Bahn geht vor Zirkel – das heißt, auf dem Zirkel geht man im inneren Hufschlag an dem vorbei, der ganze Bahn reitet.

Links hat Vorfahrt

Wird in einer Halle auf beiden Händen geritten, haben die Reiter, die auf der linken Hand unterwegs sind, Vorfahrt. Das bedeutet: Sie dürfen den äußeren Hufschlag benutzen, die Reiter auf der rechten Hand gehen innen an ihnen vorbei.

Bitte nicht kitzeln!

Man kommt nicht immer umhin, beim Reiten eine Gerte einzusetzen – ob als „Wecker" bei einem faulen Pferd oder als Orientierungshilfe für bestimmte Lektionen. Aber man setzt die Gerte selbstverständlich nur am eigenen Pferd ein, das heißt: Sie wird in der Reitbahn grundsätzlich innen getragen. Dort ist am wenigsten Gefahr, dass sie ein anderes Pferd kitzelt. Das heißt aber auch, dass die Gerte beim Handwechsel mit gewechselt wird. Dabei empfiehlt sich übrigens, sie nicht senkrecht durch die Luft wirbeln zu lassen, sondern sie einfach über den Oberschenkel zu ziehen. Aufgestellte – das heißt mit der Spitze nach oben zeigende Gerten – sind nur den Supercracks in bestimmten Lektionen erlaubt. Bis dahin ist es für Sie noch ein sehr langer Weg.

1 Tete und mehr: Corinna und Gino führen die Abteilung an, der Rest der Truppe folgt ihnen auf dem selben (ersten) Hufschlag.

2|3 Abstand halten: Beim Reiten in der Abteilung wird grundsätzlich eine Pferdelänge Abstand gehalten.

4 Schnell geht vor: Das äußere Pferd geht Galopp, das mittlere Trab, das innere Schritt – ergo wird auf drei Hufschlägen geritten.

Bahnpunkte

Abgesehen davon, dass es ziemlich langweilig wäre, innerhalb einer Reitbahn immer nur an der Wand entlang zu reiten, sind Pferde auch ausgesprochene Gewohnheitstiere. Sie lernen durch Übung, Übung und noch einmal Übung. Darum empfiehlt es sich, beim Reiten in der Bahn die Wege zu nehmen, die später auch in Dressurprüfungen verlangt werden. Diejenigen, die sich diese ausgedacht haben, haben nämlich etwas dabei gedacht. Die Dressurlektionen beruhen auf dem Ausbildungsgrundsatz, dass das Pferd gymnastiziert werden muss – also immer wieder in Biegung und Stellung auf beiden Händen gearbeitet werden sollte, so dass es in Balance und beidseitig gleich belastbar bleibt (oder wird).

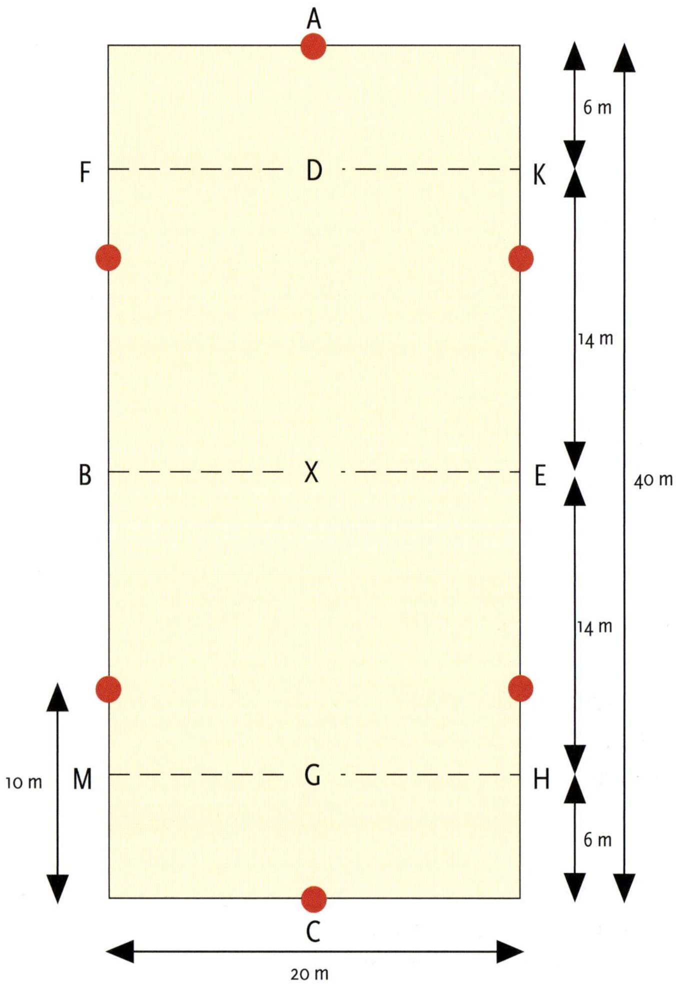

Um nun die zu reitenden Figuren innerhalb der Bahn exakt beschreiben zu können, hat man dem Dressurviereck Koordinatenpunkte zugeteilt. Der Haken dabei ist nur, dass die Bezeichnungen dafür jeder Logik entbehren. Zwar ist der Punkt „A" oben in der Mitte der kurzen Seite, aber das heißt leider noch nicht, dass „B" gegenüber oder vielleicht daneben liegen würde. Immerhin gibt es aber eine Eselsbrücke, mit der man sich die Reihenfolge der Koordinatenbuchstaben in der Reitbahn merken kann. Sie lautet „**A**lte **K**ühe **E**ssen **H**eu, **C**älber **M**ögen **B**esseres **F**utter".

Damit aber leider noch nicht genug der Verwirrung. In manchen Reitbahnen stehen nämlich nicht nur die Koordinatenbuchstaben, sondern außerdem auch noch Symbole. So zum Beispiel „ **• HB**". Dieses Symbol bezeichnet die **H**albe **B**ahn. Punkte ohne Buchstaben stehen für die so genannten „Zirkelpunkte"– die Stellen, an denen der Zirkel (was das ist, dazu kommen wir gleich – versprochen) den Hufschlag berührt. Strichbalken – vier, wenn korrekt ausgezeichnet ist – stehen für die Wechselpunkte, die dazugehörigen Buchstaben sind K, H, M und F.

Außerdem sollten Sie in der Halle einmal nach oben schauen – in manchen Hallen hängen Bälle von der Decke. Sie bezeichnen die Mitte der Bahn (den Buchstaben „X" im Koordinatensystem) und die Mitte der jeweiligen Zirkel – und was der Zirkel ist, folgt sogleich.

Bahnfiguren

Durch die ganze Bahn wechseln

Das ist das Kommando, das Sie als Anfänger am meisten hören werden. Es meint den einfachen Handwechsel quer durch die ganze Bahn. Nehmen wir an, Sie sind auf der linken Hand unterwegs und gerade in der Nähe von A angekommen, wenn das Kommando ertont. Dann durchreiten Sie die Ecke, schwenken bei F nach rechts in die Bahn ein und steuern möglichst gerade H an. Dort angekommen, reiten Sie rechtsherum weiter nach C – damit haben Sie die Hand gewechselt (und hoffentlich) das Prinzip verstanden.

Wenn Sie im Schritt unterwegs sind, haben Sie beim Handwechsel nur die Gerte umzustecken. Sollten Sie aber leichttraben, ist beim Handwechsel auch ein Fußwechsel angesagt. Dazu sitzen Sie ungefähr eine Pferdelänge vor dem zweiten Wechselpunkt eine Trabphase aus und traben dann auf der anderen Hand wieder leicht.

Sind Sie im Galopp unterwegs, ist das Kommando immer auch die Aufforderung zum so genannten „einfachen Galoppwechsel“. Für ihn wird eine Pferdelänge vor dem zweiten Wechselpunkt zum Schritt durchpariert und dann auf der anderen Hand neu angaloppiert.

Durch die halbe Bahn wechseln

... ist im Grunde das Gleiche in Kürze, nur ist dabei, wenn Sie von F kommen, nicht H, sondern E Ihr Wechselpunkt. Wenn Sie auf der rechten Hand von K kommen, dann ist B Ihr Wechselpunkt.

Durch die Länge der Bahn wechseln oder reiten

Für den Wechsel durch die Länge der Bahn steuern Sie von links kommend das A an, biegen dann in die Bahn ein, reiten über X nach C und gehen dort nach rechts. Wenn Sie durch die Länge der Bahn reiten sollen, geht es ebenfalls über A–X nach C, dort allerdings biegen Sie nicht nach rechts ab, sondern wieder nach links. Sie wechseln dann also nicht die Hand.

Und fur alle diese Kommandos gilt: Reitet man alleine, steuert man den nächsten möglichen Wechselpunkt an. Ist man in der Abteilung unterwegs, zuckelt man brav dem Tete-Reiter hinterher.

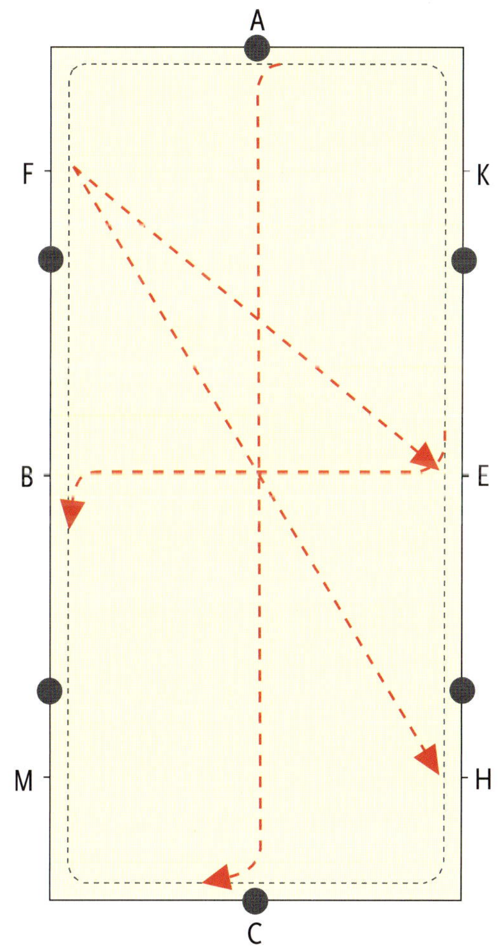

Schlangenlinien ...

... sind das Hobby vieler Reitlehrer. Reitschüler, vor allem Reitanfänger, mögen sie weniger, vor allem, wenn sie die Schlangenlinien leichttrabenderweise reiten sollen. Dabei haben sie nämlich jedes Mal, wenn die Hand gewechselt wird, umzusitzen. Schimpfen Sie nicht zu sehr darüber – es ist wirklich eine gute Übung. Wenn man sie soundso oft erledigt hat, geht einem das Umsitzen dabei in Fleisch und Blut über. Außerdem: Wer gut Schlangenlinien reiten kann, ist später im Wald beim Slalom zwischen Bäumen ziemlich sicher davor, mit der Kniescheibe gegen Holz zu treffen. Der Anfang von Schlangenlinien liegt übrigens immer an den Wechselpunkten – also K, H, M oder F.

Einfache Schlangenlinien: Die werden an der langen Seite so geritten, dass der Scheitelpunkt des Bogens auf Höhe B beziehungsweise E ungefähr fünf Meter vom Hufschlag entfernt liegt.
Doppelte Schlangenlinien an der langen Seite: Sie reiten zwei Bögen, aber ihr Scheitelpunkt liegt nur ungefähr zweieinhalb Meter vom Hufschlag entfernt.

Schlangenlinien durch die ganze Bahn: Je nach Kommando des Reitlehrers werden sie in verschiedener Ausfertigung verlangt (von zwei bis fünf Bögen). Der erste Bogen beginnt bei A beziehungsweise C, deshalb sind der erste und der letzte Bogen eigentlich nur ein halber. Korrekt geritten, liegt der Scheitelpunkt der Bögen (der Punkt, an dem ich das Pferd umstelle) jeweils an der gegenüberliegenden Seite. Und wenn die Übung richtig gut ausfallen soll, dann sind alle Bögen ungefähr gleich groß – was einiges an Raumgefühl erfordert.

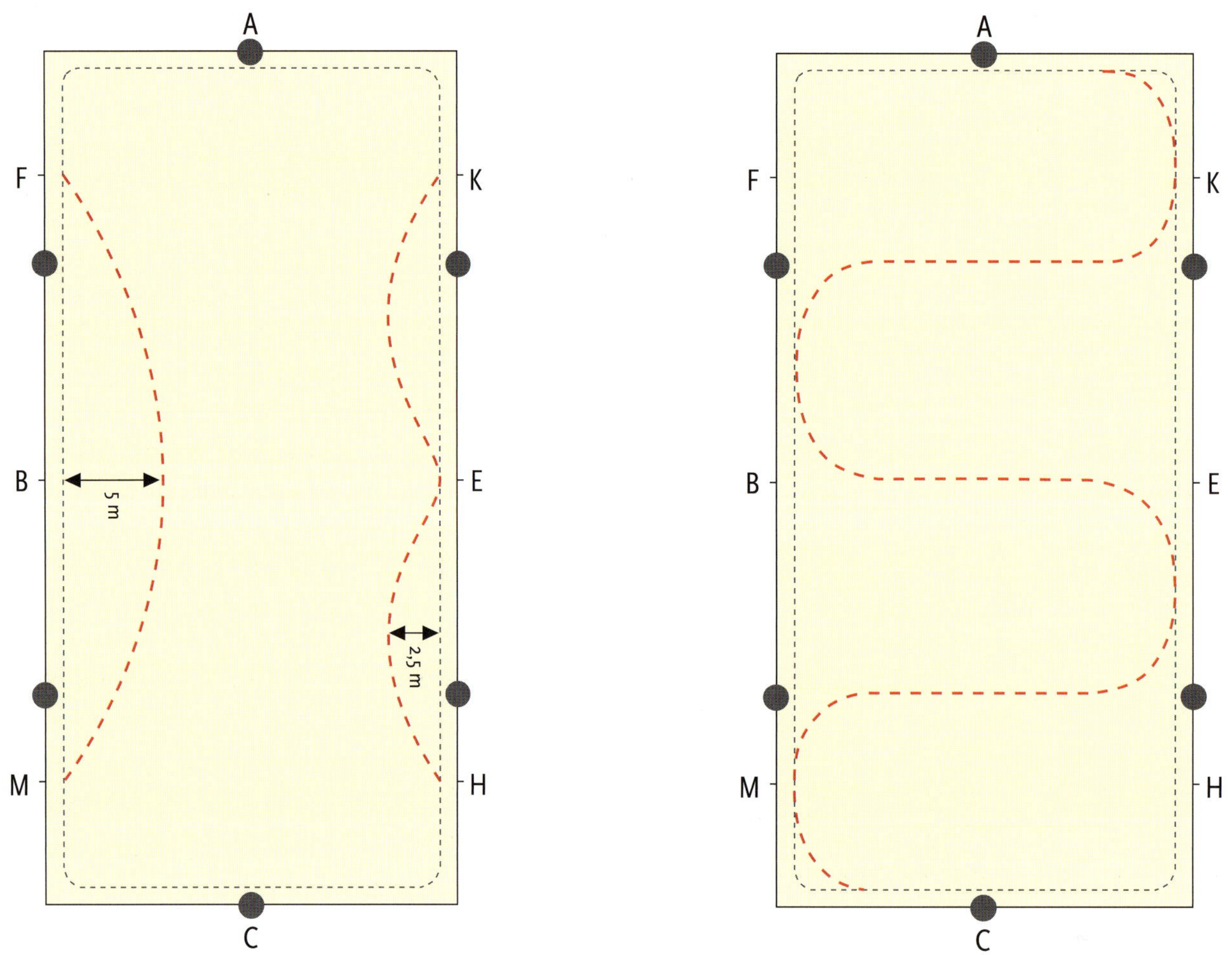

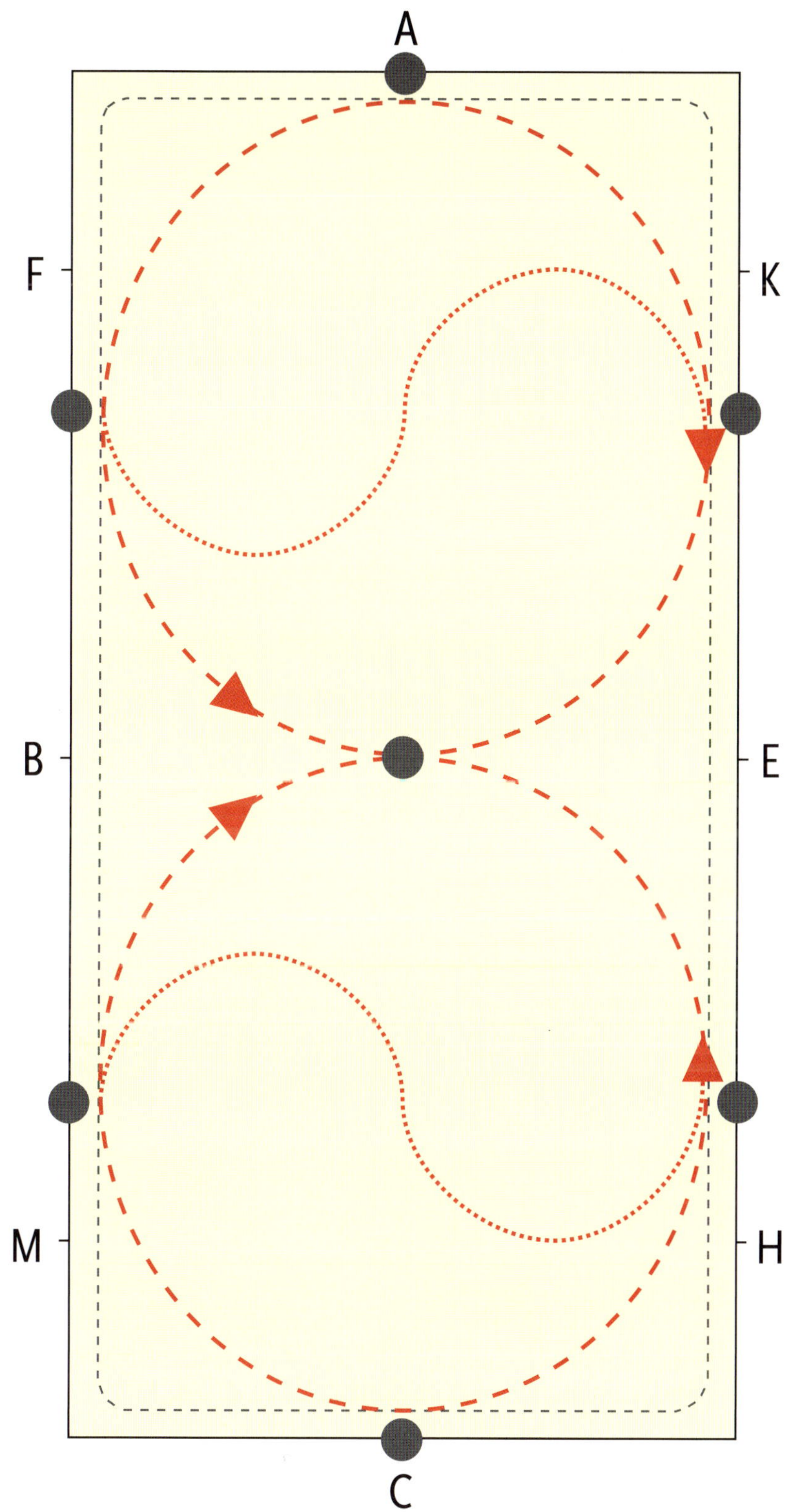

Zirkel ...

... ist sehr wichtig, denn er gehört zu den Figuren, bei denen sich das Pferd durchgehend biegen muss. Das dient der Gymnastizierung und daher ist das Reiten im und um den Zirkel herum bei Reitlehrern und Dressurprüfungen so beliebt.

Auf dem Zirkel geritten: Dabei reiten Sie einen Kringel in die eine Hälfte der Halle. Oder, fachlicher ausgedrückt: Sie wenden am Zirkelpunkt (Sie erinnern sich? Der dicke Punkt ohne Buchstaben) ab, reiten in einem hoffentlich schönen Kreisbogen auf X zu, wenden sich von dort aus dem nächsten Zirkelpunkt zu, visieren dann A oder C an – und das Gekringel machen Sie so lange, bis Sie von Ihrem Reitlehrer ein anderes Kommando bekommen.

Aus dem Zirkel wechseln: Sie reiten zum Beispiel auf dem unteren Zirkel bis in die Hallenmitte zum Buchstaben X, dann wechseln Sie auf der anderen Hand in den oberen Zirkel. Auf dem bleiben Sie dann so lange, bis ein neues Kommando kommt.

Durch den Zirkel wechseln: Dieses Mal wechseln Sie innerhalb des Zirkels die Hand. Dazu biegen Sie am Zirkelpunkt der langen Seite ab, reiten in einer schönen Schlangenlinie auf den Mittelpunkt des Zirkels zu, stellen dort Ihr Pferd auf die andere Hand um und reiten im Halbbogen zum gegenüberliegenden Zirkelpunkt. Und dann wird auf dem neuen Zirkel weiter gekringelt, bis der Reitlehrer ... siehe oben.

Volte con varizioni

Die Volte ist eine Art „Minizirkel" mit sechs bis zehn Metern Durchmesser, der an der langen Seite geritten wird.

Volte Marsch ist das Kommando, auf das Sie zur Bahnmitte hin einen Kreis und wieder zurück auf den Hufschlag reiten.

Volte kehrt Marsch ist ein bisschen mehr tricky: Sie setzen zu einer Volte an, reiten aber nur einen Halbkreis und dann auf direkter Linie auf den Hufschlag zurück, wo Sie die dann auf der anderen Hand weiterreiten.

Und schließlich können Sie es noch mit der Kehrtvolte zu tun bekommen – das Kommando dazu ist **„Aus der Ecke kehrt"**. Dazu reiten Sie in der nächsten Ecke eine Dreiviertelvolte und wechseln dabei den Hufschlag.

Jetzt fehlt uns noch das Kommando, mit dem eine Abteilung ihre Stunde beendet und sich ordentlich aufstellt. Es klingt komplizierter, als es ist: **„Anfang rechts dreht, links marschiert auf – Marsch"** (oder andersherum – je nachdem, wie in der Reithalle die Tribüne liegt). Und das „Marsch" kommt dann, wenn die ganze Abteilung auf der langen Seite unterwegs ist, also alle Platz haben zum Aufmarschieren. Dann drehen alle Reiter mit einer Pferdelänge Abstand zueinander gleichzeitig rechts ab, marschieren auf die Bahnmitte zu und stellen sich dort nach links (wenn dort die Tribüne ist) ordentlich nebeneinander auf.

Wenn Sie jetzt das Gefühl haben: „Das blicke ich ja nie!" und Ihnen vor lauter Zirkel- und Wechselpunkten der Kopf schwirrt, dann empfehle ich einen Ritt mit dem Finger auf der Karte, sprich: Schauen Sie es sich einmal auf den Schemazeichnungen an. Dann wird's meist vollends klar.

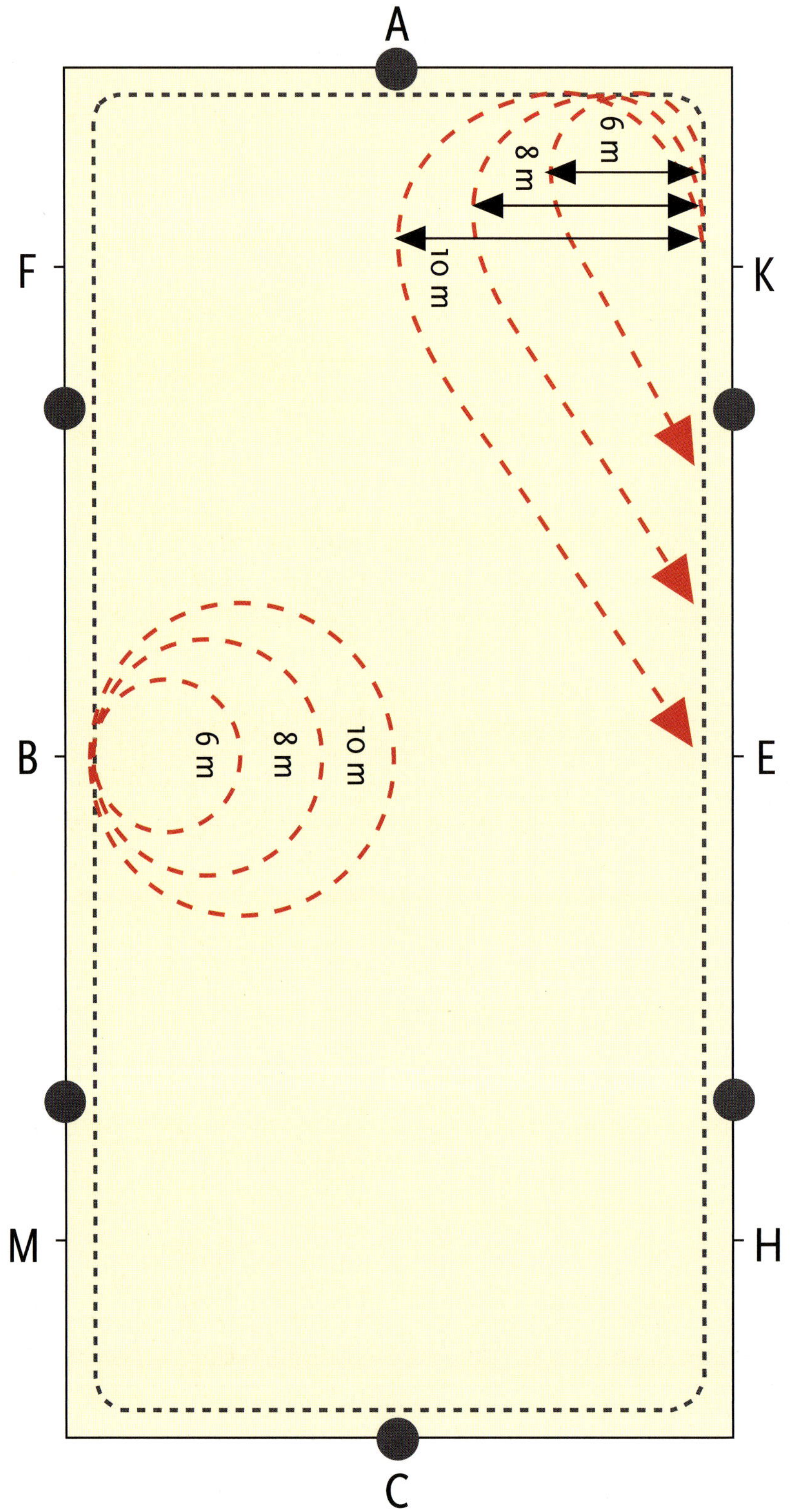

Auseinander gefallen?

Reiten ist fast nie „l'art pour l'art". Fast alles, was man an Lektionen und Übungen durchexerziert, dient einem höheren Zweck – der schon genannten „Gymnastizierung" des Pferdes. Und für die gibt es gute Gründe.

Den einen Grund hatte ich schon einmal genannt: Ein Pferd, das gelernt hat, sich unter dem Reiter auszubalancieren, fühlt sich besser, ist entspannter und läuft nicht Gefahr, sich durch die Reiterei einen Schaden an den Beinen oder am Rücken zuzuziehen.

Daraus resultiert und das haben Jahrhunderte von Kavalleriereiterei bewiesen: Ein Pferd, das optimal gymnastiziert ist, „hält" einfach länger. Es kann – wie eine Ballerina – mit zunehmenden Jahren das, was ihm an jugendlicher Gelenkigkeit fehlt, durch Technik ausgleichen. Und was das angeht, ist es dann wie guter Wein, der mit jedem Jahr besser wird. Die ganz großen Dressurpferde – wie zum Beispiel die in der hohen Schule trainierten weißen Lippizaner-Hengste der Spanischen Hofreitschue in Wien – erreichen oft erst im Alter von 13, 14 Jahren ihre Hochblüte. Manche von ihnen treten dann aber noch mit 25 Jahren täglich in der Vorstellung auf.

Fürs eigene Hinterteil

Ein anderer guter Grund für den Versuch, möglichst optimal zu reiten, wird Ihnen schon nach zwei, drei Reitstunden einfallen: Es sitzt sich bequemer, wenn man mit dem Pferd harmoniert. Nur dann ist es nämlich richtig locker, nur dann ist sein Rücken nicht bretthart, sondern schwingt weich – und lässt Sie wunderbar sitzen.

Spezialitäten: Springen, Geländereiten, Dressur

Ich hatte Ihnen vorher versprochen, dass Ihnen Reiten nie langweilig werden wird. Und damit Sie mir das auch wirklich glauben, möchte ich Ihnen hier schon einen kleinen Einblick in die „Spezialitäten" bieten: Springen, Geländereiten und Dressur. Wir wissen beide: Bis Sie es in einer der Spezialdisziplinen zur Meisterschaft bringen, kann es noch eine Weile dauern. Aber ein bisschen reinschnuppern – damit kann man kaum früh genug anfangen.

Der leichte Sitz

Vor dem ersten Sprung kehren wir noch einmal zurück in die Grundschule: Galopp und leichter Sitz. Das hatten wir schon einmal, aber jetzt üben wir es mal im Hinblick auf Springen.

Das Erste, was Sie dazu zu tun haben: Überwinden Sie Ihre Furcht. Springen – speziell in der Halle und auf dem Platz – ist nicht gefährlicher als ein Galopp. Schnallen Sie Ihre Bügel zwei bis drei Loch kürzer. Dann dürfen Sie die Zügel etwas kürzer nehmen, Ihre Hände am Pferdehals links und rechts auflegen (sonst könnten Sie am Zügel ziehen, was eher kontraproduktiv ist) und angaloppieren. Hintern leicht aus dem Sattel, Knie fest dran, leicht nach vorne neigen und Absätze tief. Spüren Sie jetzt, wie das Pferd unter Ihnen schwingt, wie es Sie in die Bewegung mitnimmt? Und ja, Sie dürfen und müssen die Bewegung sogar in den Fußgelenken abfedern. Je lockerer Sie im leichten Sitz sind, desto elastischer galoppiert Ihr Pferd vorwärts.

Herz über die Hürde

Sie spüren beim Gedanken an den ersten Sprung ein kleines Grummeln im Magen? Keine Angst: Keiner erwartet von Ihnen eine artistische Leistung, keiner verlangt, dass Sie gleich über eine Zwei-Meter-Mauer jumpen. Ein erfahrener Reitlehrer wird Ihnen für den ersten Sprung ein Pferd zuteilen, dass die Springerei aus dem Effeff beherrscht und Spaß daran hat. Damit ist dafür gesorgt, dass Sie sich ganz auf sich selbst konzentrieren können.
Außerdem geht es natürlich im ersten Versuch über einen kleinen Sprung – sehr klein sogar. 30 bis 50 Zentimeter sind mehr als genug für einen Anfänger und wenn man es wirklich gut mit ihm meint, lehnt man die Stange oder das Cavaletti (so nennt man die an Holzkreuzen befestigte Stange, die zum Springtraining gerne eingesetzt wird) auf der einen Seite an der Bande an. Dann kann das Pferd nämlich zumindest nicht nach der Seite daran vorbeirennen.
Sie sind startbereit? Okay, dann mal los: Sie reiten am besten von der kurzen Seite aus an – im ruhigen Trab. Ungefähr 10 Meter vor dem Sprung galoppieren Sie an und gehen in den leichten Sitz. Und wenn Sie so ein Hasenfuß sind wie ich, dann dürfen Sie vor dem ersten Sprung gerne die flachen Hände an den Pferdehals legen (Zügel lieber ein wenig zu lang als zu kurz) und die Daumen oben darüber kreuzen. Das gibt zusätzliche Stabilität bei der Landung.
Ihr Pferd galoppiert auf den Sprung zu. Ihr Job ist es nun, es einigermaßen gerade auf die Mitte der Stange zuzuhalten. Ansonsten sollten Sie das liebe Tier machen lassen – es weiß schon, in welchem Tempo es am besten über die Stange hüpfen kann. Wenn das Pferd abspringt, gehen Sie in der

1

Bewegung mit – aber bitte nicht nach dem Entenprinzip „Köpfchen nach unten, Bürzel in die Höh". Der Hintern kommt nur so viel aus dem Sattel, dass er den Pferderücken nicht belastet, der Rücken bleibt gerade und der Reiter schaut nach vorne. Und bevor Sie wissen, wie Ihnen geschieht, ist das Pferd auch schon wieder weich gelandet und galoppiert weiter. Sie kehren in den normalen leichten Sitz zurück – und loben Ihren Vierbeiner dafür, dass er Sie mit über die Stange genommen hat.

Springen Pferde gern?

Ja, solange sie keine schlechten Erfahrungen damit gemacht haben. Zu den schlechten Erfahrungen gehört ein Reiter, der ihnen in den Rücken und/oder mit dem Zügel ins Maul fällt. Daher gilt: Beim Springen lieber etwas zu lange Leine als zu kurze.

1 Könner über dem Sprung: Svens Schimmelstute zeigt mit ihrem aufmerksamen Gesicht und der perfekten Beinarbeit, wie es auszusehen hat.
2 Im Anmarsch auf den Sprung: Sowohl Sven als auch seine Stute sind ganz nach vorne konzentriert.

Und den Bums in den Rücken vermeidet man am besten dadurch, dass man das weiche Einsitzen immer wieder übt. Am Rand sei bemerkt: Wenn Sie einem Pferd die Freude am Springen erhalten wollen, loben Sie es oft.

check it Probleme?

> **Ihr Pferd verweigert den Sprung?** Das liegt meist daran, dass es nicht genügend Tempo hatte. Dagegen hilft: Ein bisschen mehr treiben – und daran denken: Bei kleinen Sprüngen kann man kaum zu schnell anreiten.
Ihr Pferd stürmt wie wild auf das Hindernis zu? Bei kleinen Sprüngen ist das grundsätzlich kein großes Problem. Das Pferd schafft es trotzdem über die Stange. Aber weil die Rennerei bei größeren Sprüngen schwierig werden kann, gilt hier: Vor dem Sprung ausreichend traben – und zwar im leichten Trab und so lange, bis Sie das Gefühl haben, dass Ihr heißer Partner sich ein wenig abgekühlt hat und kontrollierbarer ist.
Sie sind vor der Bewegung? Das kommt im Eifer des Gefechts schon einmal vor. Dagegen hilft: Gelassenheit. Ihr Pferd soll springen, nicht Sie. Ergo entspannen Sie sich und lassen Sie sich von der Bewegung des Pferdes mitnehmen.
Sie sind hinter der Bewegung? Das liegt meist an ein bisschen Angst. Dagegen hilft Übung – und, wenn es möglich ist, Arbeit über Cavalettis. Sie verhilft dem Reiter zu mehr Balance und Selbstbewusstsein.

Die mittlere (Gelände-)Reife

Sie ertappen sich dabei, dass Sie immer neidischer auf die Privatreiter schielen, die ins Gelände reiten? Sie sehnen sich danach, sich endlich auch einmal den Wind um die Nase wehen zu lassen? Dann wird's Zeit, Ihre Geländereife zu prüfen.

Die beste Methode ist, sich einmal in der Halle zu verselbstständigen. Bitten Sie doch Ihren Reitlehrer, Ihnen für eine ruhige, halbe Stunde (mit möglichst wenig Betrieb in der Halle) ein Pferd zu überlassen. Und dann probieren Sie einmal, wie gut Sie ohne Abteilung und ohne seine Kommandos klarkommen. Seien Sie dabei nicht zu enttäuscht, wenn Lektionen, die Sie sonst schon sicher reiten können, nicht gleich klappen. Pferde sind Herdentiere – und gerade Schulpferde neigen dazu, ohne ihre vertrauten Genossen ein wenig auf Faulheit umzuschalten.

Trotzdem sollten Sie für die Geländereife ein paar Punkte überprüfen. Wenn Sie das alleine reiten können, können Sie sich nach draußen wagen:

> Aus dem Schritt zum Halten durchparieren.
> Selbstständig antraben, Tempo halten, eine Schlangenlinie reiten.
> Ohne Hilfe angaloppieren, eine Runde im leichten Sitz, einen Richtungswechsel (mit einfachem Galoppwechsel) durchführen, Volten reiten.
> Aus dem Galopp in den Trab durchparieren.
> Aus dem Trab in den Schritt durchparieren.
> Aus dem Trab zum Halt durchparieren.
> Einfache und doppelte Schlangenlinien im leichten Trab reiten – mit sicherem Umsitzen.
> Sauber vier Tritte Rückwärtsrichten.

check it Um der Sicherheit willen

> Damit draußen auch wirklich nichts passieren kann, sollten Sie ein paar Punkte beachten:
> Bitte setzen Sie Ihren Helm auf und schließen Sie den Kinngurt.
> Reiten Sie als Anfänger nie alleine aus.
> Bitten Sie Ihren Reitlehrer, Ihnen für die ersten Ausritte einen zusätzlichen Bügelriemen zu geben. Er wird um den Hals des Pferdes geschnallt, um Ihnen als Haltegriff zu dienen, wenn es bergauf oder bergab geht.
> Stecken Sie für Notfälle Ihr Handy ein – aber bitte abgeschaltet! Telefonieren auf dem Pferd ist mindestens so gefährlich wie telefonieren während der Autofahrt.

An der frischen Luft

Endlich sind wir so weit: Es geht nach draußen! Und Sie werden gleich bei den ersten Schritten im Gelände etwas entdecken, was für mich immer Wonne war: Wenn Ihnen der Wind um die Nase weht und die Sicht nicht durch Wände oder einen Zaun verstellt ist, werden selbst die Schulpferde munter, die üblicherweise die Anwesenheit eines Reitschülers auf ihrem Rücken nicht unbedingt als Anlass sehen, das Nachmittagsdöserchen auszusetzen. Draußen wachen sie auf – was so manchen ängstlichen Reitschüler erst einmal erschreckt. Doch dazu besteht kein Anlass. Aus der Tatsache, dass Ihr Pferd munter mit den Ohren spielt, sich aufmerksam in der Gegend umguckt und vielleicht sogar ein bisschen hampelt, ist noch lange nicht zu entnehmen, dass es gerade daran geht, den alten Satz „Das höchste Glück der Pferde, ist der Reiter auf der Erde" umzusetzen. Die Horrorgeschichten, die im Stall von durchgehenden Pferden und wilden Rodeos auf dem Stoppelacker erzählt werden, sind größtenteils unter „Reiterlatein" abzubuchen. Obwohl ich bestimmt nicht zu den Naturtalenten unter den Reitern zähle, ist mir in vielen Jahren Geländereiterei nur einmal ein Pferd durchgegangen – und das war meine damals 25-jährige, tragende Stute, die mir wohl zeigen wollte, dass ihr mein Schonprogramm für Spätgebärende zu langweilig ist.

Ansonsten aber habe ich draußen das Vertrauen in die Pferde gelernt. Keines, an das ich mit dem Gedanken „Du bringst mich sicher wieder heim" herangegangen bin, hat mich je enttäuscht. Im Gegenteil – sie gaben mir oft genug in Situationen, in denen mir mulmig war, das Gefühl: „Keine Angst – ich passe auf uns auf." Und so erinnere ich mich heute mit einem dankbaren Lächeln an den edlen Anglo-Araber, der mich an einem Wintertag in Frankreich über eine halb zerfallene Brücke trug, unter der ein Gebirgsbach weiß schäumend ins Tal tobte. Mir rutschte das Herz in die Hose – der Fuchs zuckte nicht mit der Wimper. Und ich erinnere mich an jenen Sonntag, an dem wir in der Gruppe zu einer Reiterhochzeit geritten waren. Auf dem Rückweg von der Kirche mussten wir über eine viel befahrene Eisenbahnbrücke. Unten kam der ICE, von links und rechts kamen Autos und einige der jungen Pferde in der Gruppe wurden reichlich nervös. Nur eines nicht: Die alte Schimmelstute, auf der ich saß, trabte an und zog an den hampelnden Youngsters vorbei. Und das regelmäßige „Tack-Tack-Tack-Tack" ihrer Hufe auf dem Asphalt beruhigte nicht nur mich, es zog auch die anderen Pferde mit, die sich an sie anhängten und hinter ihr wie am Schnürchen gezogen brav marschierten, bis wir wieder zwischen Feldern und Wiesen waren.

Machen Sie es sich und dem Pferd leicht ...

Vertrauen Sie Ihrem Pferd – das ist der erste und wichtigste Tipp, den ich Ihnen fürs Geländereiten geben kann. Sollten Sie sich damit schwer tun, bitte ich Sie, Folgendes zu bedenken: Pferde sehen zum Beispiel bei Dunkelheit bedeutend besser als ein Mensch. Ihre Ohren sind feiner, sie haben ein ausgeprägteres Orientierungsvermögen. Und Sie haben einen Wettersinn, der ihnen lange bevor die ersten Blitze zucken verrät, dass ein Gewitter im Anzug ist. Im Gegensatz zu unseren Vorfahren, die sich vor den Unbilden ihrer Umwelt in Höhlen in Sicherheit gebracht haben, sind Pferde Geschöpfe der freien Steppe. Und in jedem von ihnen – auch in Ihrem Schulpferd – ist noch der Instinkt der wilden Vorfahren. Machen Sie sich das zu Nutze. Denken Sie aber auch bitte daran, dass Sie verantwortlich sind. Im Straßenverkehr aufzupassen ist Ihr Job – Pferde kennen nämlich keine Verkehrsschilder und wissen auch nicht, wer wo Vorfahrt hat.

Der Zweite ist kein Tipp, sondern fällt eher unter „Reitvorschrift im Gelände": Draußen wird grundsätzlich leichtgetrabt beziehungsweise im leichten Sitz galoppiert. Abgesehen davon, dass sich damit Bodenunebenheiten besser überwinden lassen, gehen fast alle Pferde drauße schwungvoller – darum ist leichter Sitz oder Leichttraben für Ross und Reiter schonender und bequemer. Der Pferderücken kann sich nämlich frei dabei bewegen.

Think about
Die Schokoladenseite

> Wie wir Menschen, sind auch Pferde „händig" – konkret: Die meisten sind Rechtshänder, was zum Beispiel bedeutet, dass sie bevorzugt rechts galoppieren und auf der rechten Hand springen. Rechts ist ihre Schokoladenseite, auf der rechten Hand sind sie am bequemsten zu sitzen. Weil die meisten Reiter ebenfalls eine Rechtstendenz haben, führt das fast unweigerlich dazu, dass im Gelände meist rechte Hand geritten wird. So bequem das ist – einseitige Nutzung ist auf Dauer nicht gesund für Pferdebeine. Daher sollten Sie immer wieder, ob beim Leichttraben oder beim Galopp im Gelände, daran denken, die Hand zu wechseln.

Davon können Offroader nur träumen

In meinem Freundeskreis gibt es ein paar begeisterte Geländewagen-Fahrer. Ich muss immer grinsen, wenn Sie mir mit stolzgeschwellter Brust erzählen, welche irren Neigungswinkel ihre tollen Autos bewältigen, wie klein ihr Wendekreis ist und dass sie damit sogar durch kniehohes Wasser plantschen können.

Was ist das schon? Wer wirkliche Geländegängigkeit erleben will, muss reiten! Der Wendekreis eines Pferdes ist von keinem Auto zu unterbieten. Über Neigungswinkel denken wir Reiter nicht nach, denn um einen Hang zu finden, bei dem ein Pferd mit dem Bergauf und Bergab Schwierigkeiten hat, müsste man in die Hochalpen fahren.

Was Wasser angeht, so ist die Einschränkung in Sachen Tiefe meist durch die Wasserscheu des Reiters gegeben. Pferde kommen durch jede Pfütze und jeden Fluss. Und manche von ihnen sind sogar „seetüchtig" – auf den Inseln vor der Schottischen Küste jedenfalls war früher Pferdetransport über See üblich. Wenn eine Herde eines der kleinen Eilande abgegrast hatte, schnappte man sich die Leitstute und ließ sie am Strick hinter einem Boot her zur nächsten Insel schwimmen. Ihre Herde kam dann schon mit und ließ sich dabei weder von Wind noch Strömung noch Wellengang aufhalten.

Allerdings ist die Geländegängigkeit eines gerittenen Pferdes immer auch vom Können des Reiters abhängig – womit wir schon beim Klettern im Gelände angekommen sind.

Bergauf und Bergab

Ob bergauf oder bergab, ob ein kleiner Hügel, ein Rain oder ein richtiger Hang: Ihr Job als Reiter ist es, das Pferd vorher gerade zu stellen. Es wird grundsätzlich senkrecht angeritten, um die Gefahr des Ausrutschens zu mindern. Was das Tempo angeht, ist Vertrauen ins Pferd angesagt. Pferde wissen nämlich üblicherweise besser als ihre Reiter, wie sie einen Hang am besten hinauf- oder hinunterkommen. Ergo überlässt man es ihnen, macht aber auf jeden Fall vorher schon einmal die Knie richtig zu. Manches Pferd geht bergauf nämlich mit einem oder zwei flotten Galoppsprüngen an. Andere wieder traben im oberen Bereich eines Hügels an – auch das muss erlaubt sein, damit holen sie nämlich Schwung für den Rest der Kletterei. Oben angekommen, gehen sie dann meist von alleine im Schritt weiter. Wenn aber nicht, kann man sie immer noch durchparieren.

Während des Kletterns ist es Ihre Aufgabe, den Rücken des Pferdes weitgehend zu entlasten. Sie gehen also in den leichten Sitz und neigen den Oberkörper leicht (dem Neigungswinkel und der Bewegung des Pferdes angepasst) nach vorne. Dabei dürfen Sie, vor allem als Anfänger, gerne in den Bügelriemen greifen, den Sie Ihrem Pferd vor dem Ausritt umgeschnallt haben. So können Sie sicher vermeiden, dem Pferd beim Klettern in den Zügel zu fallen. Dass der nämlich beim Klettern eher zu lang als zu kurz gehalten werden sollte, verrät eigentlich schon die Logik. Das Pferd nutzt seinen Hals als Balancierstange – dafür braucht es Luft.

Bergab geht eigentlich genauso: Leichter Sitz, ein wenig nach vorne neigen – wenn Ihnen dabei ein wenig wackelig in den

Knien wird, dürfen Sie sich gerne am Pferdehals abstützen. Wichtig ist auch hier: senkrecht anreiten. Auf der Direttissima kann am wenigsten passieren.

Sind Sie an einem so steilen Hang unterwegs, dass Sie das Gefühl haben, sich gleich mitsamt dem Pferd zu überschlagen oder handelt es sich gar um einen Sprung nach unten, ist „Old English" angesagt – der gute, alte, in England entwickelte Sicherheitssitz: Mit beiden Füssen im Bügel abstemmen, Knie zu, Hintern aus dem Sattel, Leinen lang, Oberkörper zurück.

Wasser marsch

Die meisten Pferde mögen Wasser. Doch das hindert sie nicht daran, vorsichtig zu sein, wenn es darum geht, durch eine Pfütze oder gar einen Fluss zu marschieren. Ihr Instinktprogramm sagt ihnen nämlich, dass da, wo man den Grund nicht sehen kann, eine gefährliche Stolperfalle lauern könnte.

Darum kann es durchaus einmal vorkommen, dass ein Pferd nicht mit „Juhu" durch eine Pfütze zischt oder ins Wasser springt, sondern stehen bleibt. In diesem Fall sollten Sie nicht strafen, sondern dem lieben Tier Zeit geben und ihm vielleicht ein wenig gut zureden. Forsch vorwärts ins Wasser geht ein Pferd nämlich nur dann, wenn sein Vertrauen zum Reiter tiefer ist als die angeborene Furcht vor dem Unbekannten. Vertrauen aber muss man sich verdienen und das braucht seine Zeit. Daher kommt es bei Wasserdurchritten vor allem auf die Geduld und das Einfühlungsvermögen des Reiters an. Jeder gelungene Wasserdurchritt ohne Zögern ist ein Kompliment für den Reiter.

Reiten, Reiten, Reiten

Ich kann sie immer nur bedauern, die Dressurreiter, die meinen, dass Reiten vorwiegend in der Halle oder auf dem Platz stattfinden müsse und man draußen nur mal eine Runde im Schritt drehen könne. Draußen geht so vieles – und es macht doch an der frischen Luft so viel mehr Spaß als im Hallenstaub.

Draußen kann man zum Beispiel springen – und das oft sogar besser als auf dem Platz, denn im Gelände sind die Pferde munterer. Warum also nicht einmal über einen Baumstamm oder einen kleinen Graben hopsen? Es bedarf keiner besonderen Vorbereitungen dafür – draußen wird nicht anders gesprungen als auf dem Platz. Es erfordert nur ein wenig mehr Mitdenken vom Reiter, denn im Gelände muss er selbstverständlich die Bodenverhältnisse und das Drumherum einkalkulieren.

Will man aber so richtig Geländereiten – ausführliche Wanderritte, Trails oder Jagdreiten – empfiehlt es sich, einige Spezialitäten erst einmal zu Hause auf dem Platz einzuüben. Und was das angeht, haben die Englisch-Reiter in den letzten Jahren eine ganze

Menge von den Westernreitern gelernt. Sie entwickelten für ihre Turniere die Disziplin Trail, in der es um Geschicklichkeit im Gelände geht – so zum Beispiel, wenn man mit dem Pferd über eine Wippe oder unter einem mit Plastikplanen bestückten Tor hindurchzugehen hat. Trail zu üben, lohnt sich auch für Englisch-Reiter, denn es kann durchaus vorkommen, dass man im Gelände einmal vom Pferd aus ein Tor öffnen oder über eine Plane hinwegreiten sollte. Außerdem macht Trail-Training Spaß und schafft Vertrauen zwischen Pferd und Reiter.

Der Traum aller Geländereiter aber ist wohl der Urlaub mit dem Pferd. In einer schönen Landschaft mit einer netten Gruppe im Sattel von Ort zu Ort wandern, einmal im Galopp am Strand entlangdonnern, abends am Lagerfeuer in den Himmel träumen – das ist auch schon für Anfänger möglich. Die Spezialveranstalter für Reittouren bieten Trails und Sternritte der verschiedensten Schwierigkeitsstufen und oft sogar mit einem Zusatzprogramm für nichtreitende Partner oder Familie. Solche Urlaube sind auch schon für Greenhorns im Sattel machbar – nur sollten Sie, um Ihres eigenen und des Vergnügens der Gruppe willen, ehrlich gegenüber dem Veranstalter sein. Schätzen Sie dabei Ihr reiterliches Können eher zu niedrig als zu hoch ein – man wird Ihnen nie übel nehmen, „besser" zu sein, als sie angegeben haben. Andersherum aber kann's schwierig werden und Überforderung vermiest dann auch Ihnen den Urlaub.

Dasselbe gilt fürs Jagdreiten. Es macht unglaublich Spaß, im Herbst im Galopp über Stoppeläcker zu brausen und auch hier gilt: Man muss nicht Jahre im Sattel sitzen, um an einer Jagd teilnehmen zu können. Große Jagden werden meist in verschiedenen „Feldern" geritten, wobei das erste Feld dann über die dicken Hindernisse geht, während das zweite nur noch die kleineren und das dritte meist gar nicht springt. Im nichtspringenden Feld ist Platz für Jagdneulinge und bei vielen Jagdgesellschaften ist es sogar üblich, dass man ihnen einen erfahrenen Reiter zur Seite stellt, an den sie sich anhängen können. Trauen Sie es sich ruhig zu – aber überschätzen Sie sich nicht. Bei der Jagd gilt wie überall im Reitsport: Aufgeben ist keine Schande, sondern zeigt im Gegenteil Einsicht und verdient Applaus.

Ein offenes Wort zur Vielseitigkeit

Keine Reitsportdisziplin ist so umstritten wie die Vielseitigkeit, in Deutschland oft noch „Military" genannt (in England, dem Mutterland der Vielseitigkeit, kann sich unter diesem Begriff übrigens niemand etwas vorstellen. Dort heißt die Disziplin nämlich „Eventing"). Vielseitigkeit gilt als „Pferdequälerei" und mit schöner Regelmäßigkeit werden in bunten Blättern irgendwelche Bilder von grausam stürzenden Pferden mit der Disziplin in Verbindung gebracht. Oft genug stammen diese Bilder aber nicht von Vielseitigkeitsturnieren, sondern von Jagdrennen wie zum Beispiel der berüchtigten Pardubitzer Steeple Chase oder dem Irischen Grand National.

Mit Vielseitigkeit hat das, was da passiert, überhaupt nichts zu tun. Kennern gilt sie nämlich als die zwar schwerste, aber dabei pferdefreundlichste Disziplin. Um eine große Vielseitigkeit zu bestehen, muss das Pferd nämlich optimal ausgebildet und konditioniert sein. Und dafür, dass es dabei nicht einfach überfordert wird, sorgen sehr strenge Regeln. Das beginnt damit, dass jedes Vielseitigkeitspferd vor jedem Start erst einmal eine strenge tierärztliche Kontrolle bestehen muss. Anschließend muss es in einer Dressurprüfung zeigen, dass es durchlässig und vom Reiter jederzeit kontrollierbar ist. Und erst dann geht es – wie die Vielseitigkeitsreiter sagen – „in den Busch", also auf die Geländestrecke, die übrigens bei den Großereignissen aus vier Teilen besteht: Einer im Trab zu bewältigenden Wegestrecke mit ungefähr 10 bis 12 Kilometern (Phase A), der ungefähr 3000 bis 3600 Meter langen Rennbahn mit 12 bis 14 festen, aber sehr niedrigen Sprüngen (Phase B), der ebenfalls in ruhigem Trab zu reitenden zweiten Wegestrecke (Phase C) und der ungefähr 5 bis 6 Kilometer langen, mit ungefähr 25 festen Hindernissen bestückten, eigentlichen Querfeldein-Strecke (Phase D oder Q-Strecke genannt). Auf den Wegestrecken wird die Kondition des Pferdes abgefragt, im Gelände das Ver-

trauen in den Reiter. Doch zwischen Phase C und D liegt auf jeden Fall noch eine mindestens 10-minütige Zwangspause, in der das Pferd noch einmal vom Tierarzt gecheckt wird. Und nach dem Zieleinlauf geht es wieder zum Tierarzt. Der verabschiedet das Pferd in den Stall – und begrüßt es am nächsten Morgen wieder, denn bevor Reiter und Pferd in der abschließenden Springprüfung starten dürfen, müssen sie sich noch einmal einer großen Verfassungsprüfung unterziehen.
Wie gut diese Regularien inzwischen zum Schutz des Pferdes greifen, beweist eine Zahl: Die Statistik der Pferdeversicherer in Deutschland weist jedes Jahr aufs Neue wieder auf, dass von allen Sportpferden die Buschpferde am ältesten werden.

1|2 Wanderritte gehören gut vorbereitet: Sicheres Navigieren mit Karte und Kompass ist eine Voraussetzung. Silke und Reiner haben geübt – und da sie inzwischen wieder bei uns angekommen sind, gehen wir davon aus, dass sie sich zumindest nicht so sehr verritten haben.

1|2 Der Weg ist das Ziel: Bis man Dressur in dieser Vollendung reiten kann, braucht es viele Jahre und noch mehr Training. Doch es lohnt, denn ab einem bestimmten Punkt wird Reiten zur Kunst, zu einer Ausdrucksform, in der sich Mensch und Tier zu einer harmonischen Einheit zusammenfinden.

1

Keine Sorge: Ich erwarte bestimmt nicht von Ihnen, dass Sie sich am Ende dieses Buches angekommen Frack und Zylinder kaufen und wir uns bei einer großen Dressurprüfung wiedersehen. Dass der Weg von der Longenstunde bis zur Piaffe ein sehr langer ist, weiß ich aus eigener Erfahrung. Aber zu dem berühmten Satz „Reiten lernt man nur durchs Reiten" habe ich zumindest eine Anmerkung: Man lernt auch etwas durchs Abgucken. Und da natürlich am meisten, wenn man wirklich gute Dressurreiter beobachtet – nicht nur bei der Kür, sondern auch bei der Pflicht, in ihrem täglichen Training. Der Ablauf der einzelnen Lektionen, wie sie vorbereitet werden, warum sie einmal großartig und das andere Mal nur halb klappen – das sieht man vom Rand des Vierecks aus und dabei geht einem so mancher Kronleuchter auf. Zudem ist eine vollendet gerittene Dressur ein ästhetischer Hochgenuss. Was mich angeht, so habe ich allerdings die größten Dressurerlebnisse nicht im Sport gehabt, sondern da, wo die Reitkunst um ihrer selbst willen gepflegt wird – in der Spanischen Hofreitschule in Wien, bei ihrem französischen Gegenstück, dem Cadre Noir in Saumur und bei den großartigen Dressurreitern aus Spanien und Portugal. Wenn Sie also einmal Gelegenheit finden, einer Vorstellung der Hofreitschule oder des Cadre Noirs beizuwohnen – versäumen Sie sie nicht. Als Reiter kann man sich nämlich seine Ziele nie zu hoch setzen. Und alles, was wir als Reiter lernen, haben wir nicht nur für uns und zu unserer Befriedigung erarbeitet, sondern immer auch zum Wohl des Pferdes.

So schön kann reiten sein

Check it and get it!

- ✓ Reiters Höflichkeit? Kein Problem für mich – ich weiß jetzt, wie man sich zu Pferd in einer Halle oder auf dem Platz bewegt.
- ✓ Hurra – ich verstehe „Reiterisch“. Wenn der Reitlehrer mir etwas von „Von A über K nach M“ erzählt, weiß ich, was er will.
- ✓ Manchmal gelingt es schon: Dann steht mein Pferd am Zügel, die Hinterhand ist aktiv – und ich fühle mich wunderbar.
- ✓ Nur Fliegen ist schöner: Ich habe die ersten Sprünge absolviert.
- ✓ Gelände, ich komme: Ich bin sicher genug im Sattel, um in der Gruppe ausreiten zu können.

Service

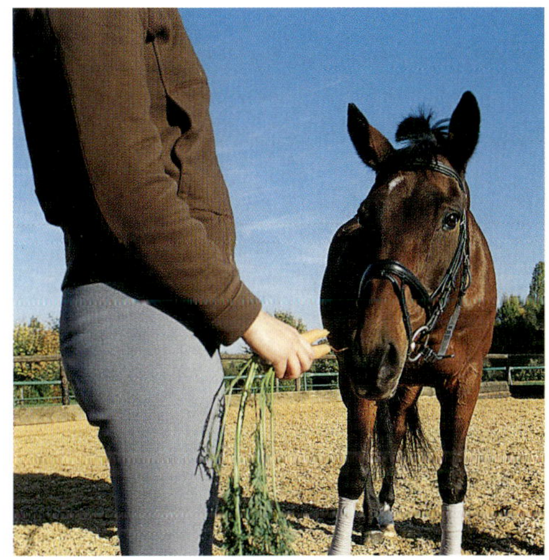

Nützliche Adressen

Deutsche Reiterliche Vereinigung (FN)
Freiherr-von-Langen-Str. 13
D-48231 Warendorf
Tel. 0049 (0)2581 · 6362-0
Fax 0049 (0)2581 · 62144
www.fn-dokr.de

Vereinigung der Freizeitreiter und -fahrer in Deutschland (VFD)
Auf der Hohengrub 5
D-56355 Hunzel
Tel. 0049-(0)6772-9630980
Fax 0049-(0)6772-9630985
www.vfdnet.de

Bundesfachverband für Reiten und Fahren in Österreich
Geiselbergstr. 26–32 / Top 512
A-1110 Wien
Tel. 0043-(0)1-7499261-13
Fax 0043-(0)1-7499261-91
www.fena.at

Schweizerischer Verband für Pferdesport
Papiermühlestr. 40 h
Postfach 726
CH-3000 Bern 22
Tel. 0031-(0)335-4343
Fax 0031-(0)335 4358
www.svps-fsse.ch

FS Reit-Zentrum Reken
Frankenstr. 37
D – 48734 Reken
Tel.: 02864-2434
Fax: 02864-5860
www.fs-reitzentrum.de

TTEAM Deutschland
Bibi Degn
Hassel 4
57589 Pracht
Tel. 0 26 82 · 88 86
Fax 0 26 82 · 66 83
e-mail *gilde@tteam.de*

TTEAM Schweiz
Christine Wittwer
Kornberg
CH 3504 Oberhüningen
Tel. 031 · 791 1722
e-mail *gilde@tteam-ttouch.ch*
www.tteam-ttouch.ch

TTEAM Österreich
Martin Lasser
Spitalgasse 7
A – 2540 Bad Vöslau / Gainfarm
Tel. 06 64 · 12 50 252
e-mail *tteam.office@aon.at*
www.tteamoffice.at

T.T.E.A.M.® News International – der sehr empfehlenswerte Newsletter mit Linda Tellington-Jones und vielen aktuellen Informationen und Artikeln zu TTouch und TTeam erscheint 4x im Jahr auf Deutsch und kann über www.tteam.de bestellt und abonniert werden.

Deutsches Pferdemuseum
Holzmarkt 9
27283 Verden (Aller)
Tel. 04231-807140 (Ausstellung)
Tel. 04231-807150
e-mail *pferdemuseum@t-online.de*

Das Deutsche Pferdemuseum in Verden bietet für alle Pferdeinteressierten eine informative Ausstellung, eine große Bibliothek und viel Information rund ums Pferd.

Zu Seminaren, Lehrgängen und Prüfungen rund ums Pferd besuchen Sie die Homepage der Kölner Pferde-Akademie:
www.koelnerpferdeakademie.de

Nützliches Internet

Interessante Homepages von Verbänden und Vereinen

Unter ***www.pferd-aktuell.de*** (ein Service der FN) kann der so genannte Breitensportler in einer Datenbank bundesweit nach Reitbetrieben suchen.

www.fn-dokr.de
Die Seiten der Deutschen Reiterlichen Vereinigung (FN). Überaus nützlich für Turnierreiter (DOKR steht übrigens für „Deutsches Olympiakomitee für Reiterei".)

www.ipzv.de
Die Homepage der Islandpferde-Reiter- und -Züchter Deutschland e.V. Neben grundlegenden Informationen für Neueinsteiger und einem Adressbuch registrierter Isländerhöfe, gibt es hier auch jede Menge Tölt- und Turniergeflüster. Unter www.ipzv-forum.de können Sie kräftig mitflüstern.

www.ewu.bund.de
Die Homepage der Ersten Westernreiterunion Deutschland e.V. Hier gibt es auch eine Linkliste auf die Seiten der zum Teil sehr aktiven Landesverbände.

www.vfdnet.de
Die Vereinigung der Freizeitreiter und -fahrer in Deutschland e.V. ist offen für Reiter aller Pferderassen und aller Reitweisen. Sie können sich zwecks Gedankenaustausch entweder einen real existierenden Stammtisch in Ihrer Nähe suchen oder online, im Forum oder im Chat, mitreden.

Suchen, Finden und Shoppen

www.pferde.de
Deutschlands Pferdeportal. Ob Pferd, Reitbeteiligung, Zusatzfutter oder Hilfszügel – hier gibt's alles, was das Reiterherz begehrt.

www.pferdekauf-online.de
www.pferdeboerse-online.de
Zwei von vielen Pferdekauf-Seiten.

Pferdebücher, die weiterhelfen

Binder / Kärcher: **Horse Feelings;** Die Welt der Pferde, frei, geheimnisvoll, faszinierend, Kosmos 2001
Traumhaft schöne Farbfotos und ein spannender Text entführen in die faszinierende Welt der Pferde. Erfahren Sie alles über das Wesen des Pferdes, seine Sinneswelt und sein Verhalten. Das ideale Geschenkbuch!

Gohl, Christiane: **Pferde verstehen;** im Umgang und beim Reiten, Kosmos 2001
Hier finden Sie das absolute Basiswissen über Pferde. Ein Buch, das jeder Reiteinsteiger lesen sollte.

Hölzel, Petra und Wolfgang: **Mentales Training für Reiter – Der neue Weg zum erfolgreichen Reiten**, Kosmos 2001
Mentales Training ist eine für jeden erlernbare Methode, durch die man körperliche Leistungen über mentale Vorgänge steuern lernt. In anderen Sportarten ist Mentales Training längst ein bewährtes Erfolgsrezept. In diesem Ratgeber wird es anschaulich und konkret auf den Reitsport übertragen.

Hölzel, Petra: **Basispass Pferdekunde**, Vorbereitung auf die praktische und theoretische Prüfung, Kosmos 2000
Falls Sie sich zur Prüfung angemeldet haben, ist dieser Rageber genau der richtige für Sie!

Hölzel, Petra und Wolfgang: **Das Reitabzeichen;** Vorbereitung auf die praktische und theoretische Prüfung, Kosmos 2000
Mit dieser Prüfungsvorbereitung ist das Reitabzeichen ein Kinderspiel.

Hölzel, Petra und Wolfgang/Plewa, Martin: **Profitipps für Reiter**, Kosmos 2003
Die Autoren bieten in Frage-Antwort-Form übersichtliche Wege für eine erfolgreiche Umsetzung von Zielen jedweden ambitionierten Reitens.

Krämer/Schumacher: **Die Kosmos Reitlehre;** Erfolgreich im Sattel von Anfang an, Kosmos 2002
Dieses Standardwerk greift alle Aspekte der Reiterei auf. Wollen Sie mehr über andere Reitweisen erfahren oder auch nur über die klassische Reitausbildung, dann ist dies ein Buch, das keine Fragen offen lässt.

Kreinberg, Peter: **Grundkurs Westernreiten;** Horsemanship Training, Kosmos 2002
Der erfahrene Westerntrainer Peter Kreinberg beschreibt den Weg zu einem einfühlsamen Sitz , zu richtiger Hilfengebung sowie die Korrektur typischer Reiterfehler. Mit hilfreichen Tipps und sinnvollen Übungen für Ein- und Umsteiger.

Meyners, Eckart: **Das Bewegungsgefühl des Reiters**; Das innere Auge schulen, reiterliche Probleme lösen, mit über 300 praktischen Übungen, Kosmos 2003
Mit der Meyners-Methode entwickelt der Reiter ein Gefühl für seine Bewegungsabläufe, Rhythmus und Gleichgewicht. Mit gezielten Übungen werden anhand Hunderter von Detail-Illustrationen Schritt für Schritt die häufigsten Reitprobleme und Sitzfehler korrigiert. Denn ein locker und entspannt sitzender Reiter ist die Voraussetzung für erfolgreiches Reiten.

Neumann-Cosel, Isabelle von: **Reitersitz und Reiterhilfen;** korrekt sitzen, gefühlvoll einwirken, Kosmos 2001
Ohne den richtigen Sitz und die richtigen Hilfen geht beim Reiten gar nichts. Hier wird Schritt für Schritt erklärt, wie der Reiter zu einem ausbalancierten Sitz findet und wie Sitz und Reiterhilfen zusammenspielen.

Nissen, Jasper: **Enzyklopädie der Pferderassen;** Kosmos 2003
Die Enzyklopädie der Pferderassen ist eine der faszinierendsten Werke, die je über Pferde geschrieben wurden. Und das einzige Werk, in dem das gesamte Spektrum europäischer Pferderassen in einer großartigen Gesamtschau zu finden ist. In über 250 Portraits stellt es alle Rassen vor und informiert ausführlich über deren Entstehung, Zucht und Verwendung.

Podhajsky, Alois: **Die Klassische Reitkunst;** Kosmos 1998
Die Ausbildung von Reiter und Pferd nach den Grundsätzen der Klassischen Reitkunst ist von zeitloser Gültigkeit. Noch immer werden die Pferde der Spanischen Reitschule in Wien nach diesen Grundsätzen ausgebildet. Diese wegweisende Reitlehre wurde von Alois Podhajsky erstmals schriftlich festgehalten.

Poortvliet, Rien: **Pferde;** Kosmos 2003
Rien Poortvliet hat uns mit seinem Pferdebuch ein Schatzkästlein hinterlassen, in dem sich Hunderte von Zeichnungen, Skizzen und Bildern finden. Die faszinierende Welt der Pferde, vom schweren Kaltblut vor dem Wagen bis zum edlen Warmblutpferd in einer Jagdgesellschaft, von liebevollen Detailzeichnungen über großartige Portraits – auf seine unnachahmliche Art hat Rien Poortvliet hier die Summe seiner persönlichen Erfahrungen mit Pferden festgehalten.

Richtlinien für Reiten und Fahren **Grundausbildung für Reiter und Pferd;** FN-Verlag der Deutschen Reiterlichen Vereinigung 1994
Dieses Standardwerk liefert das Grundwissen rund um das Pferd und den Reitsport. Es setzt die Voraussetzung für alle pferdesportlichen Betätigungen und ermöglicht dem Reiter Freude und Sicherheit in der Ausübung seines Sportes.

Richtlinien für Reiten und Fahren
Ausbildung für Fortgeschrittene;
FN-Verlag der Deutschen Reiterlichen Vereinigung 1997
Hier sind die wichtigsten Grundsätze der fortgeschrittenen Ausbildung in Dressur, Springen und in der Vielseitigkeit zu finden.

Schäfer, Michael: **Handbuch Pferdebeurteilung;** Pferdetypen und ihre Entstehung, Bau und Funktion des Pferdekörpers, Praktische Beurteilung von Pferden und Ponys, Kosmos 2000
In diesem Standardwerk erfahren Sie Grundlegendes über Pferdetypen und deren Entstehung, Anatomie und Physiologie des Pferdekörpers sowie darauf aufbauend die praktische Beurteilung des individuellen Pferdes oder Ponys. Ein Standardwerk, das in keiner Reiterbibliothek fehlen sollte.

Tellington-Jones, Linda:
Die Linda Tellington-Jones Reitschule;
Mehr Spaß und Erfolg mit TTEAM und TTOUCH, Kosmos 1996
Eine Kinderreitlehre, die auch erwachsenen Reitern viel Freude und Informationen beim Reiten lernen bietet.

Tellington-Jones, Linda: **TTOUCH for you, Gesundheit und Wohlgefühl mit dem Tellington-Touch;** Kosmos Verlag 2003
Was Pferden gut tut, hilft auch Ihnen! TTouches beruhigen und entspannen, lindern Ängste, Beschwerden und Schmerzen, erzeugen Wohlgefühl und Sicherheit. Ein neuer Weg für sanfte, hautnahe Kommunikation, intensiven und angenehmen Kontakt und liebevolle Zuwendung.

Welz, Heinz: **Entdecke den Horseman in dir;** Elf Schritte zu Gelassenheit und Sicherheit mit dem Pferd, Kosmos 2003
Werden Sie vom Pferdeliebhaber zum Horseman. Das Übungsprogramm vom Erfolgstrainer zeigt Ihnen Schritt für Schritt wie es geht.

Register

Impressum

Umschlaggestaltung von eStudio Calamar unter Verwendung von 22 Farbfotos von Horst Streitferdt / Kosmos.
Mit 165 Farbfotos und 10 Farbillustrationen.

Bildnachweis

Farbfotos: www.Ramona Duenisch.de / Kosmos: (4: S. 23, 25, 38), Felix von Döring / Kosmos (1: S. 11), Klaus-Jürgen Guni / Kosmos (6: S. 12, 13, 14, 15), Lothar Lenz / Kosmos (4: S.26, 114, 115), Reitsport Krämer: (1: S. 27), Christof Salata / Kosmos (3: S. 11, 98, 99), Horst Streitferdt / Kosmos (4: S. 110, 111, 112, 113), Michael Fuchs (3: S. 16, 17, 20).
Alle weiteren 142 Fotos wurden von Horst Streitferdt für dieses Buch angefertigt.

Farbillustrationen: Cornelia Koller (10: S. 44, 64, 66, 70, 71, 92, 93, 94, 95, 96)

Der Verlag dankt der Firma Reitsport Krämer für das zur Verfügung gestellte Foto.

Bibliografische Information Der Deutschen Bibliothek
Die Deutsche Bibliothek verzeichnet diese Publikation in der Deutschen Nationalbibliografie; detaillierte bibliografische Daten sind im Internet über http://dnb.ddb.de abrufbar.

Gedruckt auf chlorfrei gebleichtem Papier

ISBN 3-440-09848-6
Redaktion: Alexandra Haungs
Gestaltungskonzept und Satz: eStudio Calamar
Produktion: Kirsten Raue / Claudia Kupferer
Printed in Germany/Imprimé en Allemagne

KOSMOS

Kosmos Reiterwissen

Aus der Praxis für die Praxis

Kosmos Reiterwissen – die Reihe für den selbstbewussten Reiter von heute: modern gestaltet, leicht verständlich, praxisnah und kompetent. Mit Schritt-für-Schritt-Sequenzen, Checklisten, Infokästen und Serviceteil. Dazu Profi-Tipps von Weltmeistern, Erfolgstrainern und Experten sowie der Kosmos-Infoline, dem direkten Kontakt zu den Autoren.

Isabelle Neumann-Cosel
Reitersitz und Reiterhilfen
ISBN 3-440-09997-0

Die Verständigung mit dem Pferd, sei es im Gelände, in der Dressur oder im Parcours, hat immer die gleiche Basis: den fehlerfreien Reitersitz und die passenden Reiterhilfen. Hier wird Schritt für Schritt erklärt, wie der Reiter zu einem sicheren Sitz findet und wie Sitz und Hilfen zusammenspielen.

Susanne Strübel
Springen lernen
ISBN 3-440-09998-9

Springen heißt fliegen! Dieser Ratgeber vermittelt die Freude am Springreiten und führt sicher und angstfrei bis hin zum ersten Turnierstart. Praktische Übungen zeigen, daß der Einsatz von Stangen und kleineren Sprüngen viel Abwechslung in den Trainingsalltag bringt.

Jeder Band mit
128 Seiten,
ca. 150–170 Abbildungen,
Klappenbroschur

Je € 12,90
€/A 13,30; sFr 22,60

Die Reihe wird fortgesetzt.

Preisänderung vorbehalten

Erlebnis Pferde

Ein Traum wird Wirklichkeit

Sini Seppälä-Van Hala/Pauli Van Hala
Die Pferde aus Juhola
136 Seiten, 180 Farbfotos, gebunden
ISBN 3-440-09716-1

€ 19,95
€/A 20,60; sFr 33,70

Der Traum vom Leben mit den eigenen Pferden – hier wird er Wirklichkeit! Die weiten Weiden und Walder erstrecken sich bis zum Gutshof, die Tiere sind Teil des täglichen Lebens, aber auch zuverlässige und motivierte Reitpferde. Die Menschen und Pferde aus Juhola erleben Werte wie Freundschaft, Freude, Freiheit und Abenteuer.

- Begleiten Sie das Fohlen Troia, den Araberhengst Ibn Maysoun und all die anderen Pferde durch die Jahreszeiten und erleben, wie Pferde und Menschen wirklich natürlich und glücklich leben können.

Preisänderung vorbehalten